JN232408

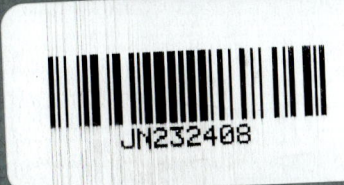

ゼロからはじめる
[RC造建
入門

原口秀昭著

彰国社

はじめに

建築学科の大学の授業。構造力学では、トラスの応力計算や単純梁の応力計算からはじめます。材料では、コンクリートの破壊試験。環境では、有効温度や熱抵抗の計算。歴史ではエジプト、ギリシアから。授業でやっていることは、いささか現実離れしています。どんなに設計が楽しいとしても、設計の授業で教わる高尚な設計論すら、雲をつかむように感じるのではないでしょうか。

大学では分野ごとに、先生方が専門領域を教える仕組みです。それぞれを勉強しても、一向に建築の全体像が見えてきません。一級建築士の勉強では少しは現実的かと思いきや、鉄筋のかぶり厚さを覚えたり、書類の届出先を覚えたり、法規を研究したりと、実践的ではありません。

筆者が建物そのもののことを、実学として勉強できたのは、大学院に入って実施設計をはじめたときでした。工務店のおやじさんや職人さんから、多くのことを学びました。現場に行っては、あれ何？　これ何？　とよく質問したものです。大学の先生は案外、実践的な知識にはうといものです。

どうしてそうなってしまうのか。ひとつには建築学科の授業の構成が、学問として縦割りであることに起因しているように思われます。本来、建築は工学なのですから、総合的に学ぶべきものなのに、個々の理論を細かく分けて教えているからではないでしょうか。

現実の建物は、当たり前のことですが、実物として物理的に存在しており、いろいろな分野の知識や技術の横の連携によって成立しています。要は、実学としての建築、現実の建物そのものを学んでいくべきなのかなと考えました。

というのも、小さな大学で建築の設計や法規などを教えていると、ラーメン構造とRC造の違いは？　などという根本的におかしな質問が山のようにやってくるからです。そんなことがわかっていないのに、一生懸命応力計算のやり方をテストのために覚えようとしているのです。本当にそれだけでよいのでしょうか。学生からいろいろな質問を受けて、そう思うようになりました。

分野をまたいだというと大げさですが、分野にとらわれない、もっと基本的な事項から、建物の実態に即した説明が必要なのではないだろうか。そうした思いから、インターネットのブログ（http://plaza.rakuten.co.jp/haraguti/）に、学生が知りたがっていることを少しずつ書いていきました。学生が飽きないように、毎回イラストも付けました。そうしてでき上がったのが、鉄筋コンクリート造の建物についてまとめた今回の本です。

といっても、この本は鉄筋コンクリートの構造を中心に書いたわけでも、材料、施工を中心に書いたわけでも、計画を中心としたわけでもありません。単に、鉄筋コンクリート造の建物がどうなっているか、どういう仕組みになっているか、設計や工事の際には、どんなことを最低知っていなければならないか。そういったごくごく基本的なことを、ある程度のジャンル別にグルーピングして1冊の本にしたものです。鉄筋コンクリート造2、3階建ての住宅、集合住宅、オフィス、店舗などの建物を想定して書いています。

テーマの並び順は、まず建物の全体像の話からはじまります。ここでは建物全体の仕組みをまず理解すること、大枠を理解することを目的としています。これは設計製図の授業の際に、学生から受けた多くの質問を参考にしていますが、これらは大ざっぱすぎて構造の授業には出てこない内容です。次に、材料としてのRC、コンクリートと鉄筋の性質を学びます。そしてさらに、躯体、地盤、基礎、鉄筋、打設、防水、建具、仕上げ、内装の基本事項へと進んでいきます。
まとめると、本書の内容は建物の全体像→構造体→各工事の詳細、と進んでいきます。頭から読んでいけば、RC造の全体像、構造体の仕組み、各工事の基礎知識が身につくはずです。

建築の基本を勉強したいけど、大学や専門学校の勉強では細分化されすぎて訳がわからない！　実学としての建築を知りたい！　といった学生や初学者にぜひ読んでいただきたいと願っています。楽しみながら学んでいきましょう！

最後に、企画段階でお世話になった彰国社の中神和彦さん、煩雑な編集作業を進めてくれた尾関恵さん、ありがとうございました。

2008年5月　　原口秀昭

もくじ　　CONTENTS

装丁＝早瀬芳文
装画＝内山良治
本文デザイン＝鈴木陽子

ゼロからはじめる

[RC造建築]入門

★ R001　ラーメンと壁　その1

Q テーブルにたとえられる構造方式は？

▼

A ラーメン構造です。

足とそれをつなぐ横棒、上に載せられた板でテーブルは構成されています。足と横棒は、直角が崩れないように、しっかりと留められています。この横棒がないと、直角が保てないばかりか、テーブルの板が重みでしなってしまいます。

テーブルの足が柱、横棒が梁、板が床版（床スラブ）に対応します。

ラーメン（rahmen）とは元はドイツ語で、骨組みとか枠組みといった意味です。**スラブ**（slab）は元は英語で、板、厚板、石板といった意味です。建築でスラブという場合は、壁ではなく床のことで、床スラブ、床版を指すケースが多いです。

Q テーブル（ラーメン構造）の足元をつなぐ横棒は必要？

▼

A 必要です。

普通、テーブルの足元には横棒は付いていませんが、建物の柱の足元には横棒が付いています。その横棒は梁の一種ですが、一番下の基礎となる部分にあるので、**基礎梁**と呼ばれています。
基礎梁は、柱がグラグラしたり、柱の相互の位置をしっかり固定させるために必要となります。横に広がって股さきのような形になると、建物が壊れてしまいます。建物はテーブルと違って非常に重いので、このような基礎梁を付けなければなりません。基礎梁は、梁の中でも断面が一番大きなものになります。
また、一番下の階にも床版をつくるので、それを支える役目も基礎梁にはあります。
初心者はこの基礎梁を忘れがちですので、注意しましょう。

★ R003　ラーメンと壁　その3

Q テーブル（ラーメン構造）を重ねる場合、足（柱）の位置はそろえるべき？

▼

A 一般的にはそろえるべきです。

柱は重さを垂直に伝える部分ですから、上下がそろっているのが普通です。上下の柱位置がずれてしまうと、重さがきれいに伝わらず、梁を曲げようとする力が大きく加わってしまいます。
大きくて特殊な梁を使って、柱位置をずらすことも可能ですが、一般的ではありません。ラーメン構造では、1階の柱と2階、3階の柱は、同じ位置に置くのが普通です。

★ R004　ラーメンと壁　その4

Q ラーメン構造の場合、曲線を含む床、円形や楕円形の床、三角形の床をつくることは可能？

A 可能です。

曲線を含むテーブル、円形や楕円形のテーブル、三角形のテーブルがあるように、建物でもつくることは可能です。
梁を曲線にすることはできますが、コストが高くなってしまい、あまり曲がりがきつい場合は不安定になるという欠点もあります。三角形もあまり鋭角がきついと、柱との取り合いがうまくいかない場合もあります。

★ R005 ラーメンと壁　その5

Q 最上階にホールなどの大空間を置いているビルがあるのはなぜ？

▼

A 大空間をつくるとき、部屋の中に柱は立てられません。下の階に大空間をつくると、上の階の柱の重みを梁だけで受けることになります。最上階に上げてしまえば、そのような苦しい梁がなくなります。そのため、大空間は最上階に上げる傾向があります。

最上階の梁は、屋根の重みを受けているだけなので、大スパン（長い距離の梁間）で梁を架けても、梁にはさほど重みはかかりません。しかし、最下階に大スパンの梁を架けた場合、上の階の柱の重みを一手に受けることになります。柱の重みを梁だけで受けるのは、ラーメン構造ではかなり無理な構造となります。できないことはありませんが、梁は巨大になってしまいます。
構造的な合理性からは、大空間は最上階にあるのがベストです。ただし、人間の動きからはそれは好ましくありません。大空間は、劇場、映画館、ホールなど、一時に大勢の人が入る空間です。多くの人が上に上がるためには、エレベーターの台数が多く必要です。また災害時に下階に避難する際にも、多くの階段が必要になります。
構造的によくても、動線計画的には問題があります。ただし、複数階ある都心のビルでは、ホールを最上階に上げるケースが多いようです。
1階に大空間を置き、上に小スパンの柱を並べる形は、平屋の上に2階を増築した「お神楽」に似ていることから「お神楽型ラーメン」と呼ばれることがあります。また、柱を梁で受けるので「受け梁型ラーメン」という名称もあります。

★ R006　ラーメンと壁　その6

Q ダンボール箱にたとえられる構造方式は？

▼

A 壁構造です。

ダンボール箱に穴をあけて、窓やドアをつくります。あまり大きな穴をあけると、箱が壊れてしまいます。穴の左右と上下に、ダンボールを残しておかないと、箱の力が発揮できません。
穴の左右のダンボールが壁、穴の上のダンボールが壁梁、水平の部分のダンボールが床版（床スラブ）に対応します。
ダンボール（壁構造）は、テーブル（ラーメン構造）のようには開放的につくれません。大きな窓をあけると、壁がなくなって、壊れてしまうからです。
二大構造方式は簡単にいうと、次のようにまとめられます。

テーブル→ラーメン構造
ダンボール箱→壁構造

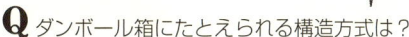

Q 1　テーブル（ラーメン構造）で重さを支えているのは？
2　ダンボール箱（壁構造）で重さを支えているのは？

▼

A 1　足（柱）です。
2　壁です。

テーブル（ラーメン構造）は棒を組み合わせて構造体をつくる方法で、ダンボール箱（壁構造）は面を組み合わせて構造体をつくる方法です。棒か面かの違いです。

テーブル（ラーメン構造）→棒で支える構造
ダンボール箱（壁構造）→面で支える構造

★ R008　ラーメンと壁　その8

Q ダンボール箱（壁構造）を重ねる場合、上下の壁の位置はそろえるべき？

▼

A そろえるべきです。

ダンボール箱（壁構造）では、壁は重さを垂直に伝える部分です。上下でそろっていないと、重さがきれいに伝わらず、下の箱が壊れてしまいます。

1階の壁、2階の壁、3階の壁は、同じ位置に置くのが普通です。壁がそろっている場合でも、下の壁に窓などの穴がある場合、その穴の上に梁となるような小さな壁（壁梁）を付けなければ、上の壁を支えることができません。

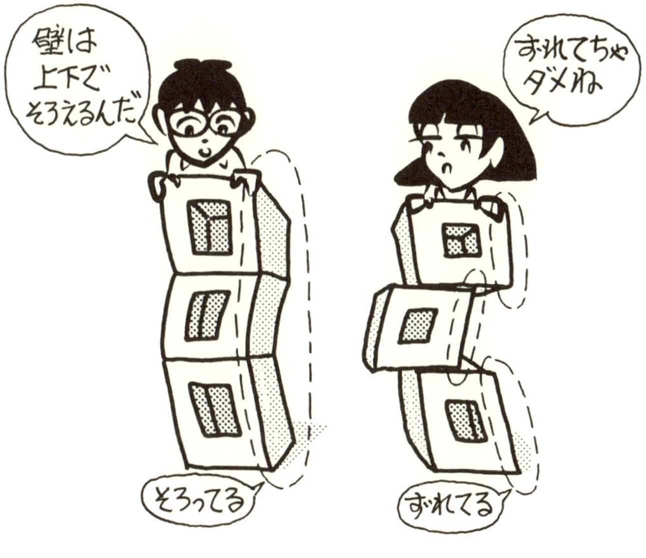

Q 1　ラーメン構造をわかりやすく表現すると？
2　壁構造をわかりやすく表現すると？

▼

A 1　ラーメン構造は、棒で支えられた、テーブルのような構造です。
2　壁構造は、面で支えられた、ダンボール箱のような構造です。

大事なことなので、ここでもう一度まとめておきます。下のイラストを見て、ラーメン構造と壁構造の違いを、再度頭に入れて下さい。
ラーメン構造は棒で、壁構造は面で支えます。
ラーメン構造の棒は、柱にも梁にも使います。棒相互の直角が崩れると、テーブルが壊れてしまいます。壁構造の面は、壁にも壁梁にも床にも使います。大きな穴をあけると、箱が壊れてしまいます。

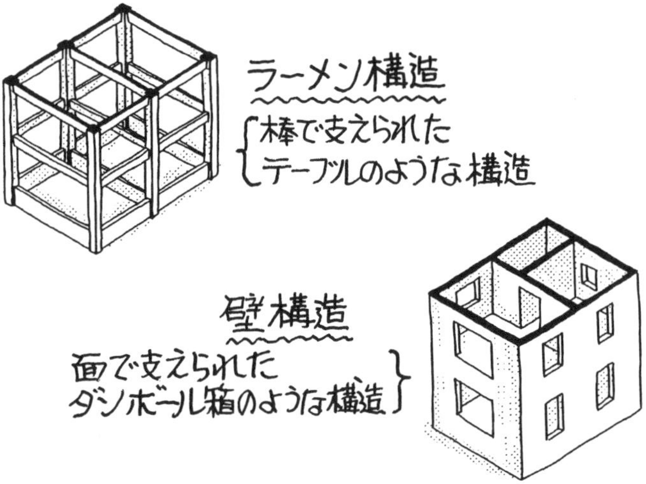
ラーメン構造
棒で支えられた
テーブルのような構造
壁構造
面で支えられた
ダンボール箱のような構造

Q 1　ラーメン構造（テーブル）は、何造でつくる？
2　壁構造（ダンボール箱）は、何造でつくる？

▼

A 1　鉄筋コンクリート造（RC造）、鉄骨造（S造）、鉄骨鉄筋コンクリート造（SRC造）、大断面の木造（W造）でつくります。
2　鉄筋コンクリート造（RC造）、補強コンクリートブロック造（CB造）、木造（W造）、軽量鉄骨造（LS造）でつくります。

各種の構造は、後で説明します。ラーメン構造、壁構造は、どうやって支えるかという構造の方式を表していて、鉄筋コンクリート造などは、構造に使われる材料を表しています。しっかりと区別しておきましょう。
最近の木造は細い柱を使うため、柱と梁のつなぎの部分が弱く、そこだけで直角を維持する力はありません。そこで、壁を固めて直角を維持することが行われています。在来構法、2×4構法ともに、壁主体の構造です。これは、擬似的な壁構造と考えられます。一方、昔の寺院に見られるように、大きな柱の場合、梁との組み合わせの部分で直角を維持できるので、どちらかというとラーメン構造に近い構造方式です。このように、木造はあいまいな構造方式ということができます。
同じ鉄骨造でも、プレファブアパートやプレファブ住宅に使われるような鉄骨は、細くて弱い鉄骨が使われます。そのため、大きな鉄骨と区別して、軽量鉄骨と呼ばれます。軽量鉄骨も木造と同様に、壁を固めて直角を維持します。

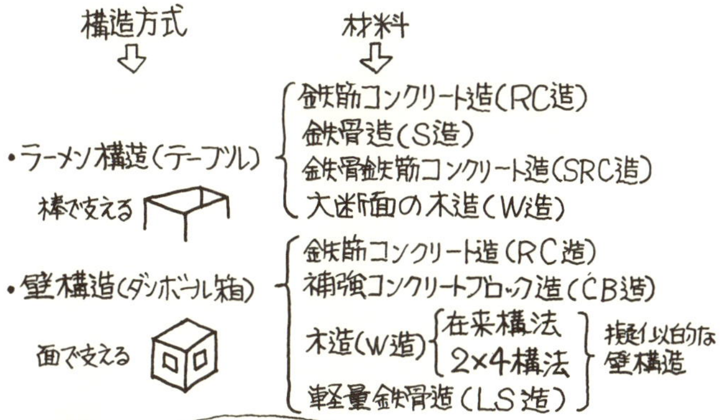

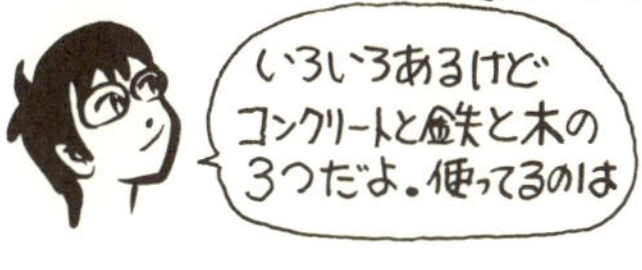

Q ラーメン構造では、部屋の間取りの自由度は高い？　低い？

▼

A 高いです。

ラーメン構造（テーブル）では、垂直部分は柱だけです。ですから、柱がじゃまになるだけで、後は自由に部屋をレイアウトできます。動かせないのは柱だけで、壁は自由に動かせます。
分譲ファミリーマンションの場合、4本の柱で1住戸を支えて、まわりとの境界だけ鉄筋コンクリートでつくるのが一般的です。住戸内部は、木造や軽量鉄骨などの軽い壁で仕切ります。家族構成が変わったら、その軽い壁を壊して、部屋のレイアウトを変えられます。

ラーメン構造→間取りの自由度が高い
壁構造→間取りの自由度が低い

Q 壁構造では、部屋の間取りの自由度は高い？　低い？

▼

A 低いです。

壁構造は、壁で支える構造です。
たとえば下図のように、石を積み上げて壁をつくり、壁から壁に丸太を渡して2階の床をつくることを考えます。一種の壁構造です。この場合、石の壁は、1階と2階でずらすわけにはいきません。
石の壁の間隔は、5～6m程度です。とすると、石の壁から石の壁の間に、木の壁を1枚つくる程度で、石の壁の方は動かせません。鉄筋コンクリート造の壁構造でも、ひとつの箱の中に部屋が2つ入る程度です。鉄筋コンクリートの壁の方は動かせません。
このように壁構造は、間取りの自由度は低くなります。

Q ワンルームマンションや1LDKマンションのように、各戸の面積の小さい壁構造の建物は、大地震に強い？　弱い？

▼

A 強いです。

壁構造の建物は、鉄筋コンクリートの箱を組み合わせて、建物全体をつくります。その1個当たりのコンクリートの箱が小さいと、全体として壁の量が多くなり、また壁が上から下まで通っているため、地震に対しては強い建物となります。

通常、マンションでは、各戸それぞれコンクリートの壁で囲うので、壁量が普通の建物よりも多くなります。壁構造の壁は重さを支える役目もあるため、上下に通っています。縦横に通った壁が多い壁構造のワンルームマンションは、地震にはかなり強い建物ということができます。

Q ラーメン構造で1階が柱だけ（ピロティ）のビルは、大地震ではどうなる？

▼

A 1階のピロティ部分に力が集中して、場合によっては壊れます。

上層階は壁が多くて固く、1階は柱だけで柔らかいので、1階に力が集中します。最悪の場合、1階の柱がもたずに倒壊します。1階にも壁が部分的に配されているか、柱に工夫がされていれば問題ありません。
阪神・淡路大震災では、ピロティ部分が壊れて倒壊した例が、多く報告されています。木造でも、1階が店舗や縁側などで壁が少ない場合、1階に力が集中して壊れやすくなります。
ラーメン構造は、柱と梁で支える構造ですが、横から加わる力に対抗するために、**耐震壁**を入れて補強する場合があります。全体が柔らかければいいのですが、部分的に柔らかいと、その部分に力が集中してしまいます。そのために壁を入れるか、柱をほかよりも丈夫にするなどの工夫が必要となります。

★ R015　ピロティとキャンティレバー　その2

Q ピロティのデザイン的効果は？

▼

A 建物を柱で浮かせるので、軽快感が出ます。また1階を外部に開放して、入り口前の半外部空間や駐車場などにも使えます。

ピロティで有名なのは、やはりル・コルビュジエでしょう。彼は近代建築の五原則（1926年）として、
①伝統的な壁構造ではなくラーメン構造（コルビュジエはドミノシステムと命名）を用いた「自由な平面」
②重さから自由になった壁による「自由な立面」
③壁構造の縦長窓ではなくラーメン構造による明るい「横長窓」
④柱で1階を浮かせた、地面を公に開放する「ピロティ」
⑤地面を公に開放して、今まで使われていない屋根の上を個人的な庭とする「屋上庭園」
を挙げています。この五原則がすべて実現されたのが、パリ郊外に建てられたサヴォア邸（1929年）です。居間、主寝室などのメインの部屋は2階に上げられ、中庭風のテラスのまわりを囲むように配置されています。さらに屋根の上にも日光浴室などのスペースがあります。屋上庭園とした分、地面は公に開放するように、ピロティとされています。
実際は塀で囲まれた庭に建てられているので、公に開放されてはおらず、入り口前のスペースといった趣ですが、デザイン的には、建物を軽快な印象にするのに成功しています。
公共性の高い建物では、今でもピロティは多用されます。また、マンションなどの1階をピロティにして駐車場とするというのも、実用的な面から多用されます。

Q キャンティレバーとは？

▼

A 片持ち梁のことです。

木の枝のように、片方の柱だけで支えられ、外に持ち出された梁のことです。キャンティレバー（cantilever）梁ともいいます。張り出された造形全体を指して、キャンティレバーということもあります。「キャンティレバーさせる」「キャンティさせる」などと表現することもあります。

テーブルで、柱と柱を結ぶ線よりも外に出た部分が、キャンティレバーされた部分に相当します。テーブルの板は軽いので板だけで張り出すことができますが、建物は非常に重いので、梁で支えなければなりません。その梁をキャンティレバーまたはキャンティレバー梁といいます。また、その張り出した構造全体をキャンティレバーということもあります。

キャンティレバーは、ダイナミックな造形として、多くの建築家が好んで用いる方式です。コンクリートのラーメン構造では3～5m、張り出すことができます。特殊な梁にすれば、より長く遠く張り出せます。

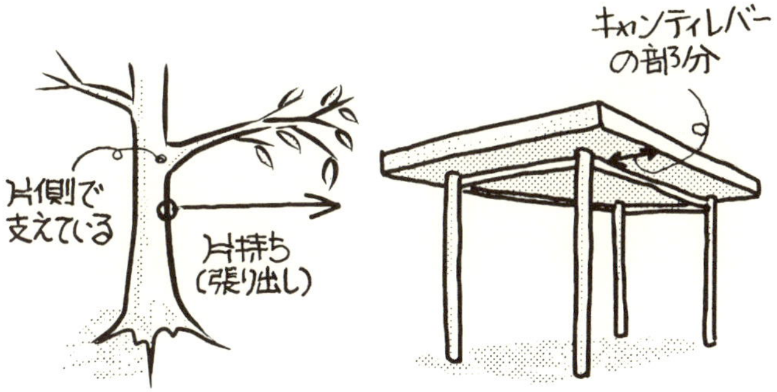

Q キャンティレバーのデザイン的な効果は？

▼

A 重力に逆らうように張り出されるので、ダイナミックで動的な視覚的効果があります。そのほかにもさまざまなデザイン上の効果を、キャンティレバーで表現することができます。

フランク・ロイド・ライトの落水荘（1936年）は、居間の部分を滝の上に張り出し（キャンティレバーさせ）、その張り出されたベランダの腰壁や軒で、水平線を強調した傑作です。山側はコンクリートに石張りとし、谷側は軽快なベランダや庇を張り出して、両者を対比させています。

ライトの構造は、ラーメン構造とも壁構造ともはっきりしないものが多くあります。彼は求める空間や形をつくるために、構造はその場その場で選んで混合して使っています。それも構造に対するひとつの考え方です。ロビー邸（1909年）では壁がコンクリート、屋根が木造でつくられていますが、張り出された軒に鉄骨が入っています。

落水荘は現在、滝の上のキャンティレバー部分が重さで谷側に傾き出し、傾きを防ぐ工夫が施されています。アメリカに行ったら、ぜひとも見たい建物のひとつです（ピッツバーグ近郊で公開）。

Q 吊り構造はどんな構造物に使われる？

▼

A 吊り橋に代表される土木的な構造物によく使われます。

建築では、丹下健三設計による国立代々木競技場（1964年）が有名です。普通、大きな庇を支えるなど、部分的に使われます。
構造方式には、吊り構造のほかに折板構造、シェル構造、膜構造（メンブレン構造）などがあり、特殊な構造に分類されます。一般のほとんどの建物は、ラーメン構造か壁構造でつくられています。

ほとんどの建物→ラーメン構造、壁構造
特殊な建物→吊り構造、折板構造、シェル構造、膜構造など

Q 折板構造はどんな構造物に使われる？

▼

A 音楽ホール、体育館などの大空間をつくるときに使われます。

アントニン・レーモンド設計による群馬音楽センター（1961年）が、折板構造で有名です。
折板構造は、ピラピラの紙をギザギザに折り曲げると強度が出るように、基本的に板を折り曲げて強度を出す構造方式です。
プレファブ小屋、プレファブアパート、駐輪場の屋根、倉庫の屋根などの、安価な屋根材として広く使われている折板屋根は、薄い鉄板を折り曲げて強度を出しているので、部分的ですが折板構造ということもできます。

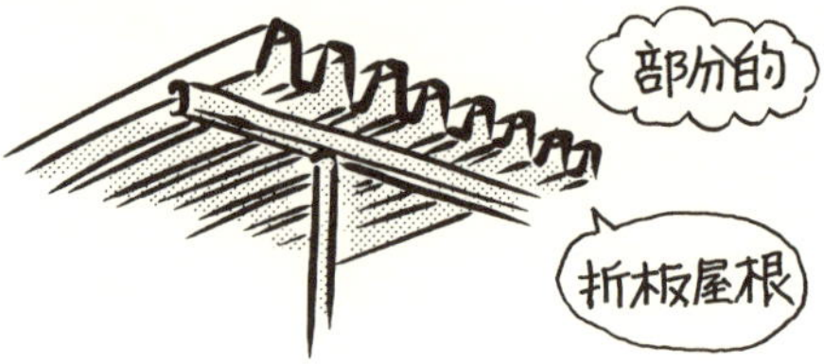

Q シェル構造はどんな構造物に使われる？

▼

A 体育館、ホール、ターミナルビルなどの大空間をつくるときに使われます。

エーロ・サーリネンのTWA空港ターミナル（1962年）が、シェル構造で有名です。建物全体にシェル構造を適用しようとすると、壁も垂直ではなくなるので、特殊な建物にしか使えません。
トンネル状のヴォールト屋根、お椀を伏せたようなドーム屋根も、シェル構造の一種です。このように、部分的に屋根や庇に使われることもあります。
シェル（shell）とは貝殻、卵の殻などの、曲面状の殻のこと。要するに、シェル構造とは貝殻構造です。薄い面は平面だと弱いのですが、曲面状になると強くなります。シェル構造は、この原理を建物に応用したものです。

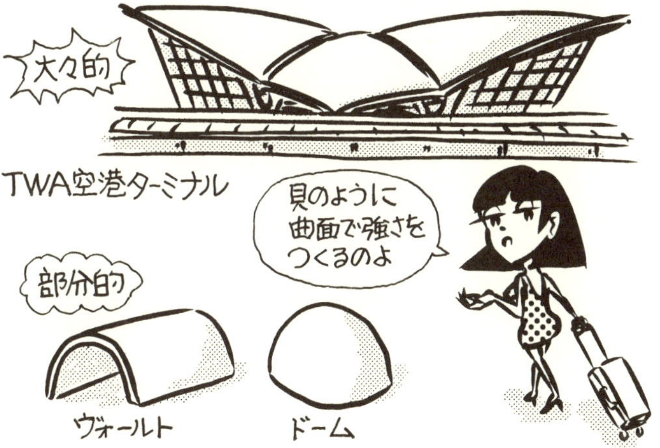

Q 膜構造はどんな構造物に使われる？

▼

A 競技場、野球場のような、大規模な空間の屋根によく使われます。

フライ・オットーほか設計のミュンヘンオリンピック競技場（1972年）が、膜構造で有名です。
お店に使われるテント地の庇、仮設のテントも、大きくは膜構造です。このように薄い膜を使った構造が、膜構造と呼ばれます。膜の支え方はさまざまです。ミュンヘンオリンピック競技場の場合は、ポールからワイヤーで吊っています。この場合は吊り構造でもあるわけです。三角形のテントも、2本のポールから吊るなどの吊り構造で支えられています。
ドーム型のテントは、ポールをアーチ形に湾曲させて、テント地を支えます。東京ドームなどは、中の空気圧を高めることにより、膜を支えています。また、空気を浮き袋のように袋状の膜の中に詰めて膨らませ、屋根をつくるなどの方法もあります。
膜は英語でメンブレン（membrane）というので、**メンブレン構造**とも呼ばれます。

★ R022　その他の構造　その5

Q A4の紙1枚を屋根材、新書サイズの本4冊を壁として、折板構造、シェル構造、吊り構造の屋根模型をつくると？

▼

A 下図のような模型が、簡単な見本です。

折板構造を紙でつくるのは簡単で、ギザギザに折ればいいだけです。下の右側は、ギザギザを途中で折り返したものです。ピラピラの紙も、折り曲げただけで強度が出ることを実感できると思います。
シェル構造は、トンネル状のヴォールトが一番簡単です。半円状に曲げて、下部が広がらないように本で押さえれば完成です。両側を押さえるのがポイントで、実際の建物でもこの押さえがないと、屋根が壊れてしまいます。
吊り構造は少々無理やりですが､紙の端を少しだけ折り曲げて本に挟み、そこから吊る形をつくってみました。本が柔らかくて立たない場合は、縦置きにすると立ちます。表紙の裏側に紙の折れた端を挟めば、完成です。
吊ってできた曲線を**懸垂曲線**といいます。丹下健三設計の国立代々木競技場は、懸垂曲線よりも急なカーブにして、形のダイナミックさを出しています。構造的な合理性だけでは、優れた建物は生まれないようです。この建物に関しては、構造家・坪井善勝の貢献も見逃せません。

Q 割りばしと輪ゴムを使って、長方形と三角形をつくります。どちらの形が崩れやすい?

▼

A 長方形の方が、形が崩れやすいです。

長方形はどこかの頂点を押すと、すぐに平行四辺形になってしまいます。直角を保つのは、かなり難しいです。一方、三角形は、形をそのまま維持します。輪ゴムで適当に留めてつくった三角形でも、なかなか形は崩れません。
建物ではこの三角形の性質がよく利用されています。

★ R024

Q トラスはどんな構造物に使われる？

▼

A 鉄橋や体育館など大空間をつくるときに使われます。

トラス（trus）とは、三角形を組み合わせた骨組みのことです。鉄橋などの土木的な構造物に、よく使われます。また、屋根の骨組み、体育館などの大きな空間を渡す梁などにも使われます。
トラスを梁などの線的な部分だけでなく、横にも広げて、トラスだけで床や屋根などの面全体をつくることもあります。また、ドームやトンネル状のヴォールトなどのシェルも、トラスを使って組むこともあります。
「三角形の形は崩れない」という原理を使って、構造物をつくるのがトラスの基本です。1本1本の材は細いのに、トラスを組むと丈夫な構造ができ上がります。軽くて低コストのわりに大きな構造物を組み上げることができるのが、トラスの大きなメリットです。

Q 割りばし7本と輪ゴムを使ってトラスをつくるとどんな形になる？

▼

A 下図のような模型が、簡単な見本です。

図は正三角形を3つ合わせたトラスです。上から押してみると、意外と強いことがわかります。逆に、トラスの面と直角に力を加えると、簡単に曲がります。

つくってみると、多くの割りばしが集まるジョイントの所が苦労します。実際のトラスでも、ジョイントの部分がポイントとなります。丸いボール型のジョイントに、線材をねじ込むことも多くあります。このトラスを専門に製作する業者もいます。

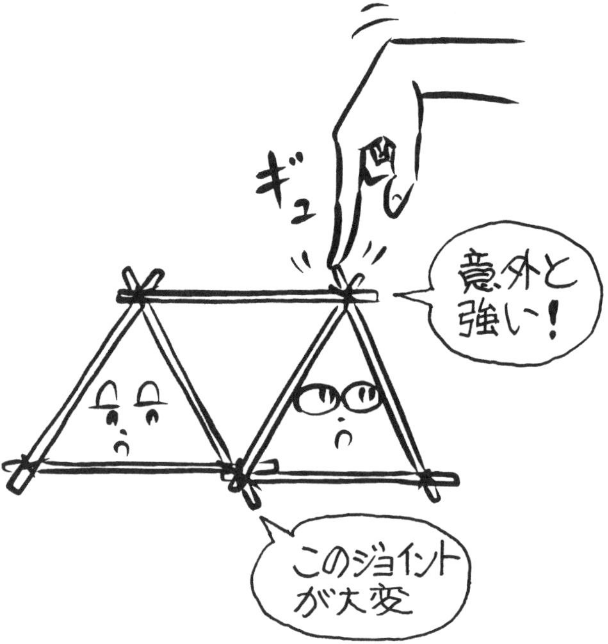

Q RCとは？

A 鉄筋コンクリートのことです。

RCは、Reinforced Concreteの略です。reinforceは補強するという意味。よって、「補強されたコンクリート」が、元の意味です。
reinforceのreは、「再び」を表す接頭語。inは「中へ入れる」ことを意味し、forceは「力」を表します。「再び中へ力を入れる」とは、元からある力に、さらに力を加えること。要するに補強することです。
コンクリートを何で補強するのかというと、鉄筋で補強します。ですから、RCとは鉄筋コンクリートのことです。
ラーメン構造、壁構造などは、どうやって構造を支えるかという仕組み、方式の分類です。一方、RC造、S造などは、構造に使われる材料による区分です。しっかりと区別しておきましょう。

ラーメン構造、壁構造など→構造の仕組み、方式による分類
RC造、S造、W造など→構造の材料による分類

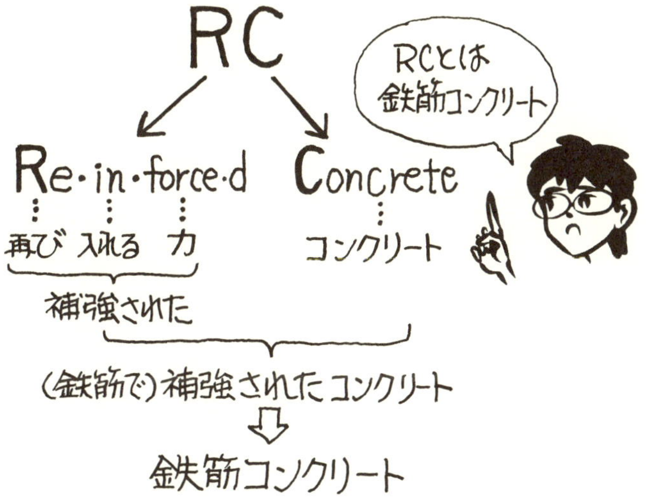

Q コンクリートに補強が必要なのは？

▼

A 引張りに弱いからです。

コンクリートは圧縮（押す力）には強いのですが、引張りには弱い性質があります。その弱い引張り側を補強するために、鉄筋（鉄の棒）を大量にコンクリートの中に埋め込むのです。

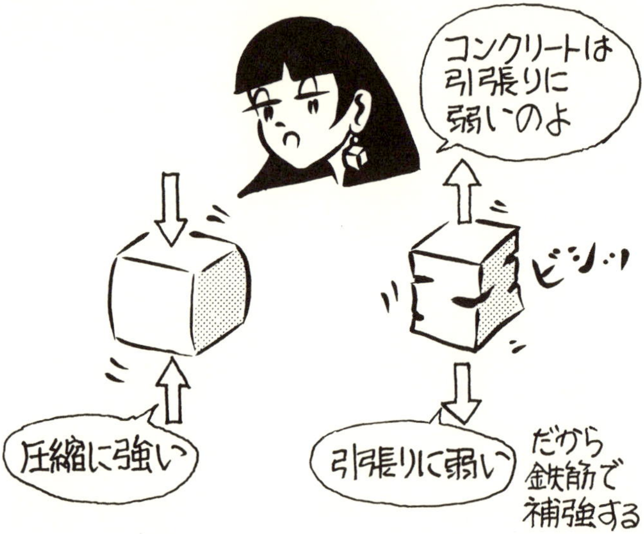

Q コンクリートと鉄は、熱に対する膨張の割合は、同じ？　違う？

A ほぼ同じです。

意外ですが、鉄もコンクリートも、ほぼ同じ割合で膨張します。正確にいうと、線熱膨張係数が等しくなります。
0℃のときの長さL_0を基準として、t℃のときの長さLの伸び率（dL/dt）が、最初の基準の何倍であるか（(dL/dt)/L_0）を表したものが、線熱膨張係数です。コンクリートも鉄も、線熱膨張係数がほぼ同じ値です。
線熱膨張係数が同じため、鉄筋コンクリートが可能となります。熱に対して同じだけ膨張収縮するので、鉄筋とコンクリートが分離しなくてすみます。
ここでは鉄といっていますが、正確には鋼です。鉄（アイアン、iron）に炭素を混ぜて、鋼（スチール、steel）とします。

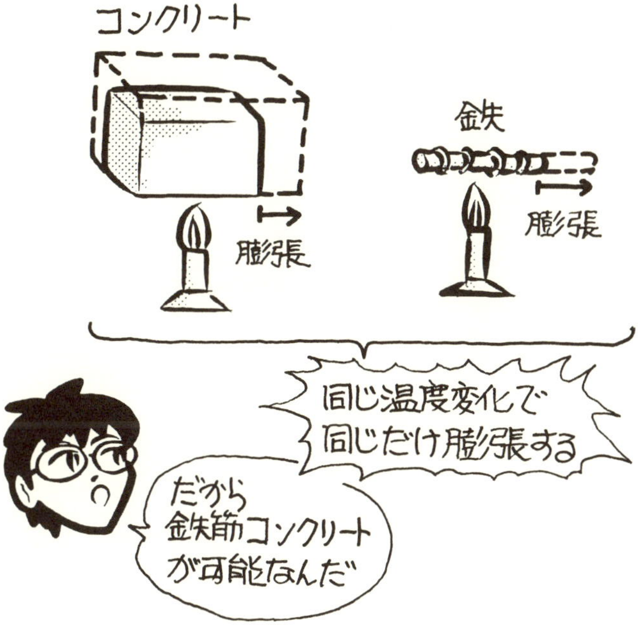

Q 鉄筋はコンクリートの中でサビる？　サビない？

A サビません。

鉄は水に浸ると、酸化した酸化鉄（Fe_2O_3、三酸化二鉄）となります。酸化鉄とは、いわゆる「赤サビ」です。
この酸化は、酸性の中でより促進されます。しかし、アルカリ性の中では酸化しません。コンクリートはアルカリ性なので、鉄は酸化せず、サビは発生しません。ですから、鉄筋コンクリートが可能になります。
コンクリートのアルカリ性がなくなり、中性化すると、鉄筋はサビやすくなります。コンクリートは表面から中性化が進みます。そして内部の鉄筋がサビると、その膨張によって、コンクリートが破裂してしまいます。中性化は、コンクリートが傷む原因のひとつです。
鉄筋とコンクリートは、コンクリートの引張りの弱さを鉄筋が補う、コンクリートのアルカリ性のおかげで鉄筋がサビない、熱による膨張の割合が鉄筋もコンクリートも同じ、という相性のよさによってでき上がっています。
鉄筋コンクリートの性質は次のとおりです。
①鉄筋が、コンクリートの引張りの弱さを補う
②鉄筋は、アルカリ性のコンクリートの中ではサビない
③鉄筋とコンクリートは、熱による膨張の割合が同じ

★ R030　RCの性質　その5

Q 1　コンクリートは（　）の力に弱いので、鉄筋で補強します。
2　コンクリートと鉄筋の線熱膨張係数は等しい？
3　コンクリートは（　）性なので、内部の鉄筋はサビません。

▼

A 1　引張り
2　ほぼ等しい
3　アルカリ

この3つのポイントは、よく覚えておきましょう。
A1は、RCの語源そのものです。コンクリートは引張りに弱いので、鉄筋で補強します。補強されたコンクリートをReinforced Concreteといい、これを略してRCといいます。
A2は、鉄筋とコンクリート、両方とも熱による伸び率がほぼ同じということです。そのため、熱が加わっても一方だけ膨張してはがれることはなく、両者の一体性が保たれます。
A3は、コンクリートはアルカリ性なので、鉄はサビません。しかし、アルカリ性が中性化すると、鉄筋はサビます。よって、コンクリートの中性化は、よくない現象というわけです。

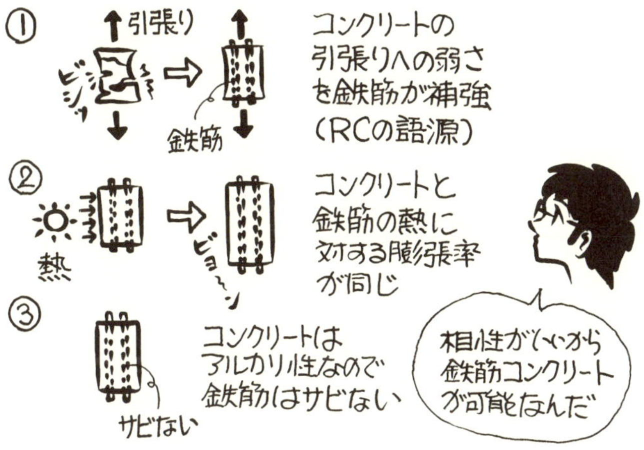
①
引張り
ビシッ
鉄筋
コンクリートの引張りへの弱さを鉄筋が補強（RCの語源）
②
熱
ビョ〜ン
コンクリートと鉄筋の熱に対する膨張率が同じ
③
サビない
コンクリートはアルカリ性なので鉄筋はサビない
相性がいいから鉄筋コンクリートが可能なんだ

Q RC造の建物の短所は？

A 値段が高い、重い、硬いのでクラックが入りやすい、熱が伝わりやすい、屋根が平ら（陸屋根）だと防水が大変などです。

まず値段が高いこと。木造の約2倍のコストがかかります。坪単価で木造が一般に50万円程度なのに対して、RC造は約100万円かかります。
次に重量が重いので、音や振動などを通しにくいという利点もありますが、重い分、床、柱、梁、基礎、基礎の下の杭なども、しっかりとつくらなければなりません。
鉄骨造の場合、鉄自体は、同じ体積でもコンクリートよりずっと重いのですが、建物を支えるのにそれほど多くの鉄を使わないのでRC造ほど重くなりません。
また、コンクリートはセメントが固まるときに、収縮します。そのため、クラック（ひび割れ）が入りやすく、地震や台風などで建物に大きな力が加わると、柔らかく変形できず、ひび割れてしまいます。クラックから水が入って鉄筋がサビて、コンクリートが壊れてしまうのです。
また、意外なことですが、コンクリートには熱を通しやすい性質があります。太陽の熱はコンクリートを通って、室内に入ってきます。また逆に室内の熱が、外へ逃げていってしまいます。それを防ぐために、断熱材が必要となります。
さらに、RC造では屋根を平らにしたり、屋上をつくる場合が多いですが、斜めの屋根と違って、どうしても雨漏りしやすくなります。

★ R032　RCの性質　その7

Q RC造の建物の長所は？

▼

A 耐火性、耐震性、耐腐朽性、防音性、耐破壊性などです。

RCは、鉄筋で補強された人工的な石による建物といえます。そのため、燃えない、なかなか壊れない、腐らない、遮音性が高いといえます。ひと言でいえば、頑丈な建物です。
軍事的な施設や原子力発電所が、すべてRC造なのはそのためです。また、木造の基礎がRCでできているのも、土の中でも腐らず、そして重みにも耐えられる強度があるからです。

Q RCをつくる大まかな順番は？

▼

A 大まかには次のとおりです。
①コンクリートを流し込む枠を板でつくります。
②枠の中に鉄筋を組み立てます。
③固まる前の生コン（生コンクリート）を、型枠に流し込みます。
④固まるまで待ちます。
⑤固まったら、枠を外して完成です。

コンクリートを流し込む枠を、**型枠**といいます。コンクリートの型となる枠組みだからです。型枠と鉄筋の工事は、同時進行になることがよくあります。たとえば壁の場合、片方の型枠をつくって、次に鉄筋を組み立て、そしてもう片方の型枠をつくります。型枠をいっぺんにつくってしまうと、中に入れる鉄筋を組み立てられなくなってしまうからです。
また型枠をつくる板を、**せき板**といいます。コンクリートをせき止める板だからです。普通は加工が楽な合板が使われますが、土木的な大きなスケールの建物では、鋼製の板が使われることもあります。
セメント、砂利、砂、水を混ぜた**生コン**は、1日でかなり固まって、上を歩けるくらいになり、4週間で、所定の強度が出ます。4週間後の強度を**4週強度**（**28日強度**）といい、強度の基準となります。

★ R034　RCのつくり方　その2

Q コンクリートミキサー車のドラムが、グルグル回っているのは何のため？

▼

A 砂利などがセメントと分離しないよう、また生コンが硬化しないようにグルグルとかき混ぜているのです。

ミキサー（mixer）は、混合するという意味のミックス（mix）から来ています。アジテータートラック（agitater truck）ともいいますが、アジテート（agitate）とはかき混ぜるという意味です。また、ドラム（drum）は太鼓が原義で、たとえばドラム缶は太鼓状の缶ということです。ミキサー車のドラムは、後ろに付いている太鼓状の、生コンを入れるタンクのことです。

生コンはコンクリート工場で調合してから、工事現場に到着して型枠に打ち込むまで、よく混ざっていないといけません。また、硬化してもいけません。下に砂利が沈んで、一部が固まってしまっては、使いものになりません。

そこでミキサー車は、ドラムが回転するようになっていて、さらに内部に羽（ブレード、blade）が付いていて、かく拌できるように工夫されています。現場到着後は高速回転させて、ブレードによって生コンはドラムの上へと運ばれ、取り出し口から出てくることになります。

回転ドラムを付けたミキサー車で運ぶ場合も、時間の制限はあります。調合から打ち込みまでの時間は、気温によって1.5～2時間以内と、時間の基準も決められています。あまり時間をかけると、硬化がはじまってしまうからです。

Q コンクリートミキサー車で運んだ生コンを、現場ではどうやって打ち込む？

▼

A コンクリートポンプ車を使って、型枠上部まで生コンを運んで打ち込むのが一般的です。

コンクリートポンプ車は、アームが上の方まで伸びて、生コンをポンプで上まで簡単に圧送できます。
小さな部分の打ち込みでは、ネコ（猫車）と呼ばれる一輪車を使って、人力で運ぶこともあります。
コンクリートポンプ車で圧送するとき、圧送しやすいように、水を入れてしまうことがあります。しかし、現場での加水は現場での調合以外は、絶対にやってはいけません。水の量が増えると、コンクリートの強度が弱くなり、耐久性も損なわれます。俗に、「**ジャブコン**」とか「**シャブコン**」と呼ばれますが、いさめられています。

★ R036　RCのつくり方　その4

Q 型枠はせき板と何からつくる？

▼

A 支保工からつくります。

生コンは、$1m^3$ で2.3t前後と、非常に重く、水の2倍以上の重さがあります。ですから、板（せき板）だけで枠をつくると、上から流し込んだ場合、簡単に壊れてしまいます。
そこで、せき板が壊れないようにパイプや角材などで支える必要があります。支えて、保持するための工事という意味で、**支保工**と呼ばれます。
支保工を組み立てるためには、いろいろな金物も必要になります。とりあえず、**「型枠＝せき板＋支保工」**と覚えておきましょう。

Q コンクリート打ち放しとは？

▼

A コンクリートを打った後、塗装やタイル貼りなどの仕上げを何もしない方法です。

コンクリートを「打」って型枠を「放し」ただけ、または「打」ってそのままやりっ「放し」という意味です。
打ち放しは、建築家が好んで用いる方法です。でき上がりがシャープですが、汚れが目立ったり、断熱性が悪かったり、耐久性に劣っています。快適性、耐久性の面からは、できればやらない方が無難でしょう。
筆者は多くのRC打ち放しの作品を見て回りましたが、古いものはやはり傷みが激しいようです。ル・コルビュジエのチャンディガールの建物群も、かなり傷んでいました。ルイス・カーンの作品群は、コンクリート打ち放しではきれいな方です。施工状況、精度などによって、かなり違いが出てくるので、打ち放しでは、型枠工事、鉄筋工事、コンクリート工事に気を遣う必要があります。

①コンクリートを「打って」
ドクドク
②型枠を「放し」ただけ
パカッ
やりっ放しってことよ

Q 撥水材とは？

▼

A シリコンなどを含む水をはじく透明な液体で、コンクリート打ち放し面に塗るケースが多いです。

コンクリート自体にも耐水性はありますが、若干しみ込みます。撥水材を塗ることにより、水をはじくだけでなく、汚れやカビが付きにくくなり、コンクリートの耐久性も増大します。
撥水材は、コンクリート面に塗膜をつくらずに、若干しみ込んで撥水性を発揮する製品がよく使われます。塗膜をつくると、濡れたような光沢のある表情になって、コンクリート打ち放し独自の質感がなくなってしまうからです。
ただし、撥水材の効果は5～10年程度なので、定期的に塗り直す必要があります。また、シリコンを含んでいる撥水材の場合は、その上から塗装できなくなる場合もあるので、塗装前にその成分を調べる必要があります。

Q プレキャストコンクリートとは？

▼

A 現場ではなく工場で、事前に型枠に入れてつくったコンクリートのことです。

プレ（pre）とは事前に、前にという意味の接頭語です。キャスト（cast）とは、型に入れてつくる、鋳造するという意味です。
プレキャストとは、事前に型に入れてつくるという意味で、プレキャストコンクリート（precast concrete）とは、事前に型に入れてつくったコンクリートのことです。プレキャスト（precast）を略してPC（ピーシー）と呼ぶこともあります。
コンクリートは一般に、現場で型をつくって、それに生コン（固まる前のコンクリート）を流し込んでつくりますが、プレキャストコンクリートは、前もって工場で生産されたコンクリートです。現場でつくるよりも管理がしやすく、壁の版なども床置きにしてつくることができるので、信頼性の高い製品がつくれます。
プレキャストコンクリートには、版として壁や床に使うもの（PC版）、梁などの部材として使うもの（PC梁）など、さまざまな種類があります。プレキャストのコンクリート版をトランプカードのように組み合わせて、集合住宅をつくる構法などにも使われています。
プレキャストと同様に、プレストレスト（prestressed）、プレファブ（prefabrication）なども、建築用語としてよく出てきます。プレストレスは、事前に力を加えておくこと、プレファブは事前に製造しておくことです。

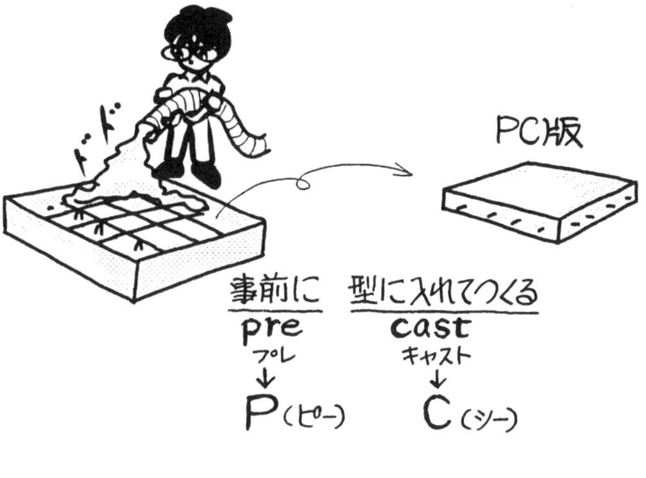

★ R040 コンクリートの成分　その１

Q コンクリートの成分は？

▼

A 砂利とモルタルです。

モルタルはセメント、砂、水でできています。コンクリートは、砂利をモルタルという接着剤で固めた人工的な石です。
砂利は、小指の先ほどの大きさのものを使います。砂は砂場の砂のようなもの、セメントは粉末です。セメントと砂と水を混ぜてモルタルをつくります。建築では、モルタルだけで使われることもよくあります。玄関の土間などに使われます。

★ R041 コンクリートの成分　その2

Q セメントの原料は？

A 石灰石です。

石灰石と粘土を粉砕して混ぜ、焼いてから石膏を加えてセメントをつくります。
石灰石は、日本では豊富に産出され、東京近郊では、秩父の武甲山（ぶこうさん）が有名です。武甲山の山頂は、半分が絶壁状になっていますが、それは石灰石を長年にわたって採りつづけたためです。今でも毎日、ダイナマイト（発破）の音が絶えることはありません。そして、武甲山の五合目ぐらいまでは、セメント工場が軒を連ね、すごい勢いでトラックが行きかっています。
石灰石は、サンゴや貝などが積もって押しつぶされてできた堆積岩です。炭酸カルシウム（$CaCO_3$）を主成分とします。セメントばかりでなく、製鉄にも使われるため、日本の近代化になくてはならない原料でした。武甲山の削られた姿は、日本の近代化の負の遺産と見ることもできます。

★ R042 コンクリートの成分　その3

Q ポルトランドセメントとは？

▼

A 建築工事に使われるセメントのことです。

固まったセメントの質感が、イギリスのポルトランド島（**Isle of Portland**）産の石灰石に似ているので、ポルトランドセメントと呼ばれるようになりました。一般にセメントといえば、ポルトランドセメントのことです。

ポルトランドセメント以外には、高炉スラグを混ぜた高炉セメント、シリカを混ぜたシリカセメント、フライアッシュを混ぜたフライアッシュセメントなどがあります。いずれもポルトランドセメントに、さまざまな物質を混合したものです。

ポルトランドセメントとは普通のセメントのことと、とりあえずは覚えておきましょう。

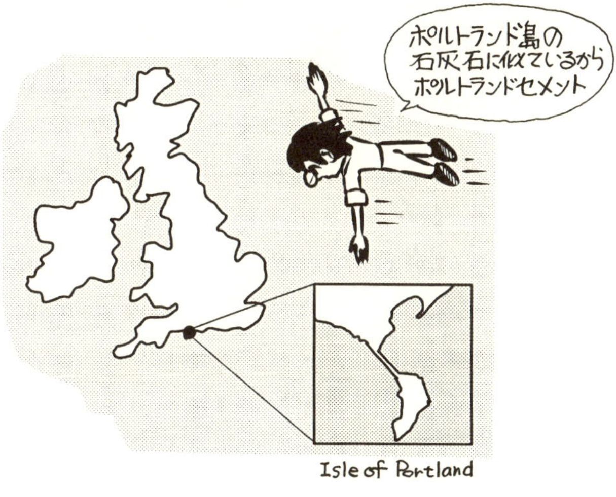

★ R043　コンクリートの成分　その４

Q コンクリートは酸性？　アルカリ性？

▼

A アルカリ性です。

セメントの主成分、酸化カルシウム（CaO）に水が加わると、水酸化カルシウム（$Ca(OH)_2$）ができて、アルカリ性となります。水酸化カルシウムの水酸化物イオン（OH^-）が、アルカリ性の性質を持つからです。

[スーパー記憶術]

根気　よく　歩く

コンクリート　アルカリ性

Q 道路や駐車場に使われるアスファルトは、コンクリートと同じ？　違う？

▼

A 違います。

アスファルトは、原油からつくられる油の一種です。そのアスファルトに、砂利、砂などの骨材を入れて、道路の舗装などに使います。
アスファルトに砂利、砂などの骨材を入れたものを、アスファルトコンクリート（略してアスコン）といいます。ただし、セメントからつくるコンクリートとは、まったく別のものです。
原油からガソリン、灯油、軽油、重油を採った残りかすがアスファルトです。残りかすを利用して道路などをつくっているわけです。ただし、最近のアスファルト舗装には、さまざまに調合された質のよいアスファルトが使われるようになっています。
アスファルトは油ですから、水をはじく性質があり、防水材にも使われています。また、セメントでできたコンクリートと違って強度が弱く、熱を加えると軟らかくなります。薄いアスファルト舗装では、雑草がアスファルトを突き破って出てきてしまうこともあります。

Q コンクリート中の砂利、砂を何という？

▼

A 骨になる材料という意味で、骨材といいます。

砂利は粗い骨材なので**粗骨材**、砂は細かい骨材なので**細骨材**といいます。

砂利→粗骨材
砂→細骨材

この骨材をセメントに混ぜて固めたのがコンクリートです。砂だけではコンクリートになりません。小さな石の粒＝砂利を混ぜるのが、コンクリートのポイントです。大量の小さい石（砂利）を、セメント＋砂＋水＝モルタルで固めたのがコンクリートです。
一般に、砂利はコンクリートの体積の約40%、砂は約30%を占めます。骨材は、合わせると約70%を占めることになります。

砂利（粗骨材）→40%
砂（細骨材）→30%

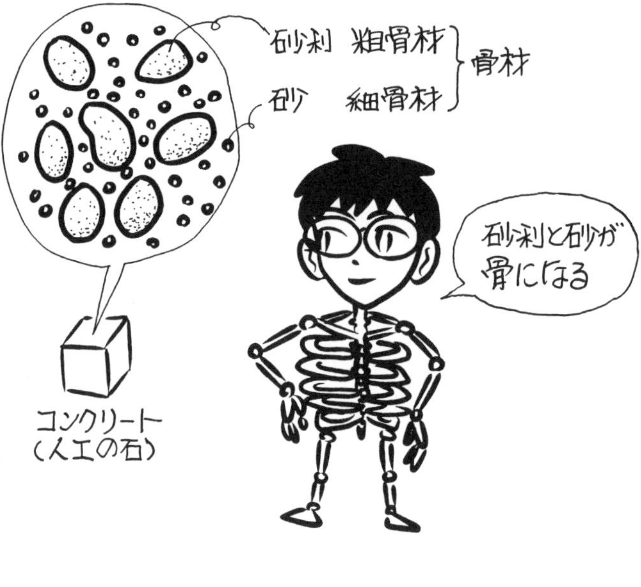

Q セメントに水を加えると？

▼

A 固まります。

セメントと水を合わせると、化学反応を起こして、石のように固まります。セメント＋水は、**セメントペースト**と呼びます。ペースト（paste）は糊ですから、セメントペーストを直訳するとセメント糊となります。モルタルは接着剤として建築に多用されますが、その接着作用のおおもとは、セメントペースト＝セメント糊にあります。セメントペーストは、**ノロ**とも呼ばれます。型枠の隙間から出てくるセメントペーストを指して、ノロということが多いようです。すなわちノロは、悪い意味で使われています。
セメントペーストに砂を加えたものが、モルタルです。モルタルに砂利を加えたのが、コンクリートです。コンクリートやモルタルが固まるのは、このセメントの性質によります。

セメント
＋水
——— セメントペースト（ノロ）
＋砂
——— モルタル
＋砂利
——— コンクリート

水と合わさって起こる反応を、**水和反応**といいます。また、水と合わさると固まるセメントの性質を、**水硬性**といいます。水と「和」して起こる反応、水とともに「硬」化する性質と、文字どおりの意味です。

Q 1　セメント＋水＝？
2　セメント＋水＋砂＝？
3　セメント＋水＋砂＋砂利＝？

▼

A 1　セメントペースト
2　モルタル
3　コンクリート

用語がいくつか出てきたので、ここでもう一度復習しておきましょう！接着剤としてのセメントペーストに、砂や砂利といった骨材を入れることにより、モルタルやコンクリートができます。すべては、セメントが水と反応して固まるという、水和反応、水硬性によっています。
なお、固まる前のコンクリートを、**生コン**（生コンクリート）といいます。生コンは一般用語ですが、学術的には**フレッシュコンクリート**（新鮮なコンクリート）と呼ばれます。

Q 水セメント比とは？

▼

A セメントペースト中の水とセメントの重量比です。

「水セメント比＝水の重量/セメントの重量」が式です。水セメント比の順番に、「**水÷セメント**」と覚えておきましょう。
コンクリートの圧縮強度は、基本的には水セメント比で決まります。水が多すぎると、強度は弱くなります。水が少ない方が強いわけです。

水セメント比→強度の指標

ただし、水が少なすぎると生コンが流れにくくなり、**施工性（ワーカビリティー）**が悪くなります。そこで施工性が確保できる範囲で、水セメント比を小さくする（水を少なくする）必要があります。
また、水が少なくて流れにくい場合は、気泡を発生させてボールベアリング効果で流れやすくするAE剤などを加えることもあります。AE剤を加えることにより、流れやすく、しかも水量を抑えた＝水セメント比が小さいコンクリートとすることができます。
水セメント比は、コンクリートの種類によって、65%以下、60%以下などと決められています。

★ R049　コンクリートの成分　その10

Q スランプとは？

A スランプコーンというバケツに生コンを入れて、コーンを外したとき、どれくらい生コンの山が沈んだかという値です。

スランプコーンとは、高さ30cm、底面の直径20cm、上面の直径10cmの円錐形（cone）のものです。スランプ（slump）にはドサッと落とすという意味があります。スランプに陥るという場合のスランプです。生コンをドサッと落とすための円錐形のバケツが、スランプコーンです。スランプコーンは上面にも穴があいていて、そこから生コンを詰めます。詰めたら棒でよく突きます。コーン全体に生コンを行きわたらせるためです。
そしてコーンを引き抜くと、生コンの山ができ上がりますが、コーンの形よりも低く広がった形となります。どれくらい低くなったかを測ると、生コンの軟らかさがわかります。30cmからどれくらい低くなったか、どれくらい沈んだかが**スランプ**、あるいは**スランプ値**と呼ばれるものです。30cmから山の高さを引いた距離がスランプです。
スランプで生コンの軟らかさがわかります。軟らかいということは、施工がしやすい、ワーカビリティーがよいということです。

スランプ→施工性の指標：大きいほど軟らかくて施工性がよい
水セメント比→強度の指標：小さいほど水が少量で強度が強い

スランプと水セメント比は、コンクリートの二大指標です。ここで覚えておきましょう。スランプは通常18cm程度、水セメント比は60%程度です。
山の沈みを測るのがスランプですが、山の広がり具合を測るのは、**スランプフロー**といいます。スランプフローは、山の最大径を測ります。

Q 建物の構造部分、骨組み部分を指して何という？

▼

A 躯体といいます。

躯体の躯とは体のことですが、建物で躯体とは、柱、梁、床、壁などの構造部分を指します。**構造躯体**ともいいます。
躯体という言葉は、鉄骨造（S造）、木造（W造）でも同じように使います。
RCラーメン構造の場合、壁は構造に効いていないこともありますが、現場では躯体と呼びます。RC造の建物の場合は、仕上げや設備を除いた、コンクリート部分を指して躯体と表現する慣習があります。固い部分を指して、躯体と表現するわけです。

★ R051

Q 壁や床版の厚みは、コンクリート板の厚さと同じ？　違う？

A 違います。

仕上げがあるので、厚みはコンクリート板よりもだいぶ大きくなります。

壁は、コンクリート面から距離をとって石膏ボード（プラスターボード）などを張り、その上にビニールクロスを貼るなどします。よって、コンクリート面から壁表面まで、4～5cmはあります。

外壁の場合は、外側にタイルや石などの仕上げ材を張り、断熱材を外側か内側に貼るので、内壁よりもさらに厚くなります。

天井はコンクリート面から石膏ボード（プラスターボード）などを吊り下げて張り、その上にビニールクロスを貼るなどします。また、床はコンクリート面から浮かせてフローリングを張ったりします。よって、床の厚みも、天井裏から床下まで含めると、だいぶ大きくなります。

コンクリートをそのまま仕上げに使うとか、コンクリート面を塗るだけの仕上げもありますが、一般には、少し距離を置いて仕上げの板などを張ります。コンクリートの柱の大きさが80cm角であっても、仕上げまで入れると90cm角とか100cm角になったりします。

Q RCラーメン構造の壁、床版（床スラブ）の厚さは？

▼

A 約15cm（20cm）です。

大ざっぱには、コンクリートの板厚は、壁でも床でも約15cm程度です。

壁構造の場合は、壁を18cmとか20cmにすることもあります。また外壁の場合、外側だけコンクリートを厚くする「**増し打ち**」を2～3cmすることもあります。

床の厚みを増やすと、上の階の振動や音が抜けにくくなります。高級なマンションでは、床スラブ厚を30cmとか40cmとすることもあります。

Q RC躯体の図面表記は？

▼

A 45度の斜め線3本で表します。

縮尺が1/50、1/30、1/20程度の図面だと、構造躯体と仕上げ材を区別して描くため、どれが構造躯体なのかを表す記号が必要になります。RC躯体の場合は、45度線3本と決まっています。

斜め線表記の間隔は、適当に入れます。要は、躯体だとわかればいいのです。躯体だとわかりやすいように、アミ点を入れる場合もあります。CADが普及している現在、より見やすい図面表現が可能となっています。

ALCパネルのような軽量パネルの場合は、45度線2本となります。RC造の建物でも、間仕切りにALCパネルを使うこともあるので、注意して下さい。

ALCとは、軽量発泡コンクリートで、コンクリートを軽石状にした軽い板です。コストの安いS造の建物によく使われます。

縮尺が1/5、1/2程度になると、3本線では大ざっぱに見えるので、コンクリート断面のような砂利の形を描きます。

★ R054 スパン　その1

Q ラーメン構造（テーブル）で、4本の柱で囲める大きさは？

▼

A 7m × 7m = 49m^2程度です。

柱と柱の間隔は、**スパン**（span、梁間）と呼ばれますが、7m程度が標準的です。7m × 7mで、約50m^2の床版を支えるのが経済的なスパンです。

7m × 7mのような正方形ではなく、5m × 10mなどの長方形でもかまいません。要するに、テーブルのような形になっていればいいのです。

3LDK程度の分譲ファミリーマンションでは、1住戸を4本の柱で支えているのが一般的です。

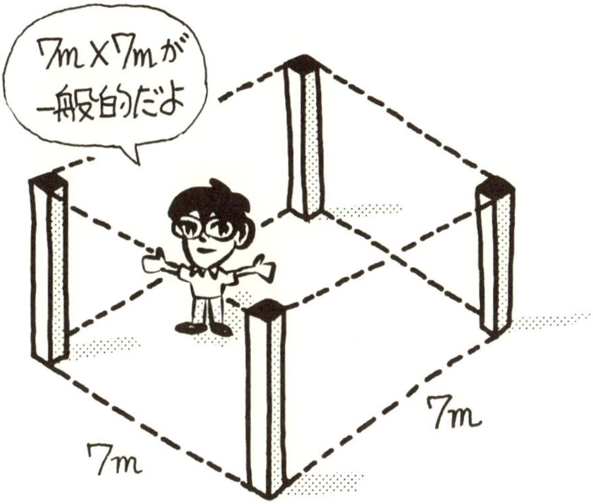

Q RCラーメン構造の柱は、各階で太さ（柱径）は同じ？　違う？

▼

A 違います。上の階に行くほど細くするのが普通です。

柱の太さは、スパンの約1/10です。7mのスパンでは、約70cm（700mm）です。

1階が700、2階が650、3階が600mmといった柱径にすることは、よくあります。上階ほど、柱にかかる力が小さくなるからです。すると、上に行くほど柱が細くなるので、柱の中心線（柱芯）がずれてしまいます。外壁部分では、壁の中心線（壁芯）をずらさずに、柱芯をずらすのが一般的です。壁に寄せるように、各階に柱を配置していくわけです。

柱を上下階でまっすぐ通すと、外壁がだんだんと内側に入ってきてしまいます。また、各階で床面積が異なってしまいます。壁を垂直に立ち上げるために、柱芯の方をずらすのです。

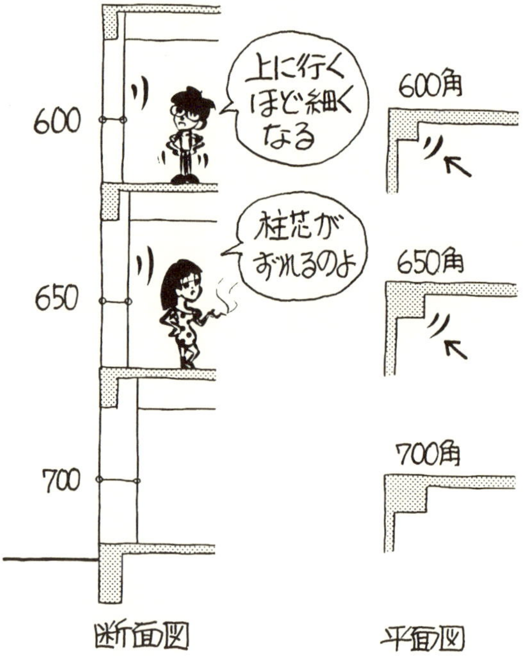

Q RCラーメン構造の梁の高さ（梁成）は、柱から柱の距離（梁間、スパン）の何分の1？

▼

A 約1/10です。

梁の高さは**梁成**といって、建築設計では重要な値となります。ラーメン構造の梁成は、スパンの約1/10です。この1/10という数字は、覚えておきましょう。
7mスパンの梁は、梁成が7m × 1/10 = 70cmとなります。
梁成は、梁の下端から床版（床スラブ）の上端までをいいます。RCでは梁と床スラブは一体となっています。そのため、梁成は床上までの寸法となります。
梁成はスパンの約1/10ですが、階が下に行くほど梁にかかる力は大きくなるので、同じスパンでも梁成は大きくなります。梁成は基礎梁が一番大きく、2、3階建てでも1.5～2mもあります。
柱の太さ（径）も、スパンの約1/10です。7mスパンならば、柱の太さは約70cm角です。これも、階が下に行くほど太くなります。
鉄骨造（S造）のラーメン構造の場合は、RC造よりも、多少梁成を低くすることができ、1/12～1/15でも可能です。

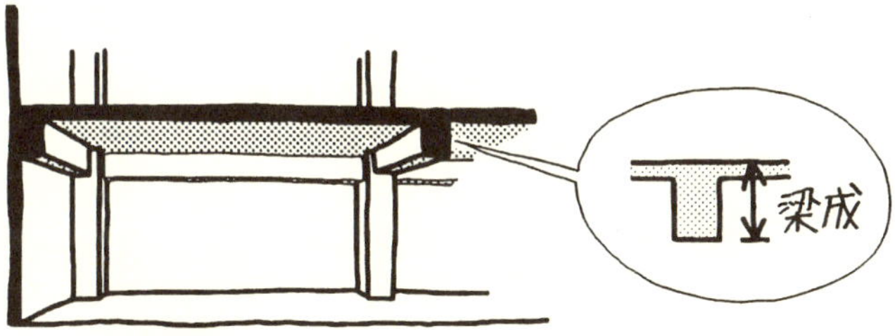

Q 梁の断面は縦長と横長、どちらが有利？

▼

A 縦長の方が有利です。

梁には上から重さがかかるので、湾曲させようとする力、曲げようとする力（曲げモーメント）が働きます。その力に対抗するには、縦長が有利となります。
プラスチックの定規や細い棒などを実際に曲げてみると、すぐに理解できます。定規の薄い方の面を縦にして曲げようとすると、なかなか曲げることができません。でも、薄い方の面を横にすると、グネグネと簡単に曲げることができます。
梁は床の荷重を支えるので、下向きに大きな力がかかります。柱には上向きの力がかかります。ですから正確には、中央付近では下向きに曲げようとする力、柱付近では上向きに曲げようとする力が働きます。その力に対抗するには、縦長の方が有利となります。
木造の梁でも、縦長断面に配置します。鉄骨の梁は、普通はH型鋼を使いますが、Hを横向きにした形にして曲げの力に抵抗させます。その場合も、縦長の方が有利です。
梁の断面は縦長が一般的ですが、天井裏に設備配管が通らないような所で、部分的に横長にすることがあります。その場合は、断面積を大きめにとる必要があります。

Q RCラーメン構造の梁の幅は、高さ（成）の何分の1？

▼

A 約1/2〜2/3です。

梁の断面形は、正方形になることはめったになく、縦長が普通です。梁幅は、梁成の1/2〜2/3程度です。
梁成が70cmのとき、梁幅は35〜40cm程度となります。正確には構造計算で出されますが、大まかには、**梁幅は梁成の半分程度**と覚えておきましょう。
梁は縦長の方が、構造的に有利になります。鉄骨の梁でも、木造の梁でも同じです。木造の露出した梁を、よく観察して下さい。断面が横長ではなく、縦長に使われています。それは、梁内部にかかる曲げモーメントという力に抵抗するには、縦長が有利だからです。
一番下にある基礎梁はほかの梁に比べて、ずっと縦長です。高さ150cmに対して、幅が50cm程度です。基礎梁は梁成が大きい分、縦長の度合いが大きくなるのです。

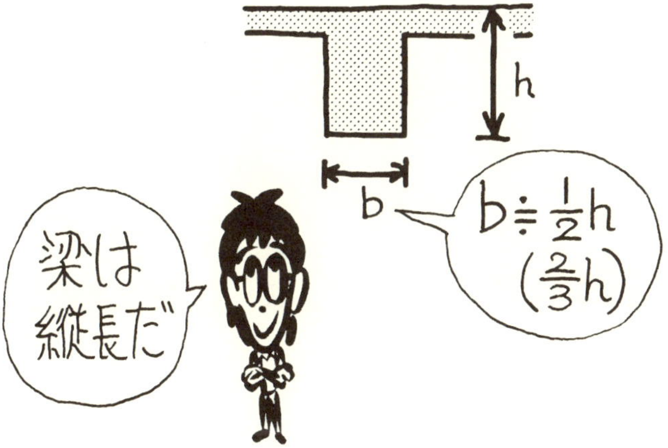

Q 壁構造（ダンボール箱）では、箱の底の各辺の長さは？

▼

A 5m × 6m ＝ 30m^2程度が、経済的な大きさです。

壁構造は主に集合住宅に使われますが、部屋2つ分くらいを、ひとつの箱とするケースが多いといえます。この箱をいくつか並べて、大きな建物をつくります。
壁構造（ダンボール箱）は、ラーメン構造（テーブル）よりも小規模な建物に使われます。コストが安いというのが、壁構造の最大のメリットです。

ラーメン構造（テーブル）→7m × 7m ≒ 50m^2程度が経済的スパン
壁構造（ダンボール箱）→5m × 6m ＝ 30m^2程度が経済的スパン

Q 大梁と小梁の違いは？

▼

A 大梁は柱から柱に渡す梁で、小梁は梁から梁に渡す梁です。

大梁は、柱どうしを結ぶ梁です。テーブルのたとえでいうなら、足から足に架ける横棒です。足と横棒で直角をしっかりと保持して、テーブルが壊れるのを防ぎます。また、テーブルにかかる重量を足に伝えます。
小梁は、大梁と大梁の間に架けます。柱と柱の間が長くなってしまうと、床スラブがたわみやすくなり、振動も下の階に伝わりやすくなります。そこで中間に小梁を入れます。小梁は床を補強し、大梁と大梁をしっかりと留め、テーブル全体を頑丈にします。
大梁がメインの梁、小梁がサブの梁です。英語で大梁は**ガーダー**（girder）、小梁は**ビーム**（beam）といいます。そのため、構造図では大梁はG、小梁はBと略されることがあります。
ついでにいうと、柱は**コラム**（column）でC、壁は**ウォール**（wall）でWと略されることが多いです。そのG、B、C、Wに番号を付けて図面に書きます。たとえば、C1は600×600、C2は500×500などと省略して書けます。

大梁→G：Girder
小梁→B：Beam
柱　→C：Column
壁　→W：Wall

Q キャンティレバー梁とは？

▼

A 柱から片側に持ち出された「片持ち梁」のことです。

枝が木の幹から持ち出されるように、キャンティレバー梁は柱から持ち出されます。柱から柱に渡すのが普通の梁（大梁）ですが、キャンティレバー梁の場合は柱から突き出す形になります。
キャンティレバー梁は、バルコニーや外廊下ばかりでなく、室内を柱の外に張り出す（キャンティレバーさせる）ときにも使います。土地の形が不整形な場合､キャンティレバーで床の形を調節することができます。また、デザイン的に柱で分断されない大きな窓（横長窓や全面ガラス窓など）をつくることもできます。
キャンティレバー梁は、長期的に重みで垂れ下がってこないように、内部の鉄筋を柱や背後の梁などにしっかりと定着させる（抜けないようにする）必要があります。特に、上側の鉄筋が抜けると、梁が折れてしまうので注意が必要です。
キャンティレバーはcantileverと書き、柱から飛び出ているので大梁（girder）でもあります。そのため、CGという記号を使うことがあります。
大梁であるキャンティレバー梁の先端は、下図のように小梁で結ぶのが普通です。床が軽い場合は、この小梁を省略することもあります。また、1m程度の小さな床の張り出しは、キャンティレバー梁を使わずに、床スラブだけでつくる場合もあります。25cm厚程度の床スラブだけで、張り出しの床をつくるわけです。

Q キャンティレバー（片持ち）にすると、なぜ横長窓や全面ガラス窓ができる？

▼

A 下図のように、外壁面は柱から外に持ち出されて、柱にじゃまされない位置にあります。そのため、窓は柱に切られずに連続させることができます。

コーナー部分も、ガラスでつくることができます。コーナーをガラスで回すと、部屋の開放感が増します。コーナーガラスを実現するためには、キャンティレバーとする必要があります。コーナーに柱があっては、ガラスを回せません。

下図の左側の窓は、柱で切れていて、横に連続させることができません。そのため、小さい窓が壁面にあいた形となっています。

横にスラッと伸びた、水平線を強調した横長窓（横長連続窓）は、近代建築の特徴のひとつです。最初に提唱したのはル・コルビュジエで、サヴォア邸（1929年）前面の窓は、柱から1.25mキャンティレバーされていて、横長連続窓が実現されています。側面はキャンティレバーがないので、柱によって区切られた窓となっています。横長連続窓は、コルビュジエが近代建築の五原則のひとつに数えたものです。

コーナーを回り込む大ガラス面は、ヴァルター・グロピウスがバウハウス校舎（1926年）の工房で実現しています。柱筋から両面とも持ち出され、外壁はすべて透明ガラスとされ、コーナーにもガラスが回り、透明感のある空間が実現されています。

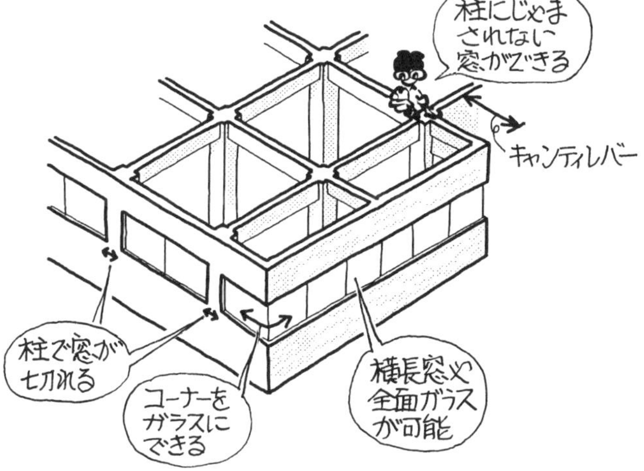

Q 梁を柱に付けるのに、中心に付けずに端に寄せて付けることは可能？

A 可能です。

普通は柱中心に梁を取り付けます。その方が構造的に安定するのは、間違いありません。ただし、納まり上、梁を端に寄せることはよく行われます。鉄筋が定着（しっかり留めること）することができて、柱の辺に梁が納まれば、梁を中心からずらすことができます。
外壁面の場合、柱の外面（そとづら）と梁の外面を合わせて結合させることはよくあります。この方が、外壁と柱と梁の納まりがよくなります。梁が柱中心にあった場合、梁幅によっては、外壁と梁との間に隙間ができてしまいます。小さな隙間をつくるのは、型枠工事が大変ですし、つくる意味もありません。よって、梁を外壁の方に寄せて納めます。
外壁沿いは、梁ばかりでなく、壁も外側に寄せるのが一般的です。柱の外面に合わせて、外壁もつくります。柱中心に外壁を付けると、柱や梁の出っ張りが外に出てしまいます。梁の上に埃が積もって雨で流れるので、壁が汚れやすくなります。
一級建築士試験では、柱中心に壁を持ってきます。面積計算が楽だからです。しかし実務では、柱型を意識しながら壁の位置を調整します。外壁面は、柱の外面に合わせるのが一般的です。
ただし、ベランダ側、外廊下側に柱を出して外壁を柱内面に合わせることが、マンションでよく行われます。部屋内に柱型を出さずに、すっきりさせるためです。

Q T 型梁とは？

▼

A RC 造では梁と床スラブは一体なので、構造計算上、T 字の形とした梁のことです。

RC 造では梁の上端は、スラブの上端となります。スラブの鉄筋は梁にしっかりと留めます（定着します）。すなわち、梁は床スラブと構造的に一体となっているということです。
梁とスラブが一体となっているため、梁は長方形というよりも、床スラブにある程度の長さを加えた形、つまり T 字型になっていると考えた方が現実的です。
T 字型と考える場合、どこまで床スラブとして計算に入れるかには、基準となる計算式があります。さらに、床スラブ側に圧縮力（押す力）が働く場合だけ、T 字型とします。引張りの力がかかるときは、スラブは勘定に入れないで長方形の梁とします。
床スラブの端に位置する梁の場合は、スラブは梁の片側にしか付いていません。T 字型というよりも L 字型となります。このような場合は、圧縮時の計算だけ L 字型の梁とします。

Q 逆梁とは？

▼

A 床スラブの上に梁を付ける方法です。

普通は床スラブの下に梁を付けます。テーブルでも骨となる横棒は、板の下に付いています。板の上に横棒があったらじゃまですし、重さは上からかかるので、補強の棒は下にあった方が合理的です。
重さは上からかかるので、梁は床スラブの下に付けるのが普通です。逆梁は板の上に横棒を付けて、板を吊るようにして補強する梁です。
下図のように、厚紙の端を下に曲げて補強するのが普通の梁、上に曲げて補強するのが逆梁です。ラーメン構造でも壁構造でも、逆梁をつくることができます。部分的に採用する場合もありますし、建物全体を逆梁とすることもあります。
普通の梁の場合、梁を隠そうとすると、天井裏が大きくなりますが、逆梁の場合、床下が大きくなります。分譲マンションなどで、床下を収納にしたり、配管スペースとして使うことも可能です。
普通の梁では、天井板で梁をすべて隠さずに、梁を少し出すことがよくあります。マンションなどで、梁が見えていることがありますが、階高（階から階までの高さ）を小さくしながら天井高を確保するためです。このような方法は逆梁ではできないので、逆梁を使うのは、階高に余裕のある場合に限られます。
地下の耐圧版（地面からの圧力を受けるスラブ）の場合、下から力がかかるので、版の上に補強の梁を置きます。これも逆梁の一種といえます。

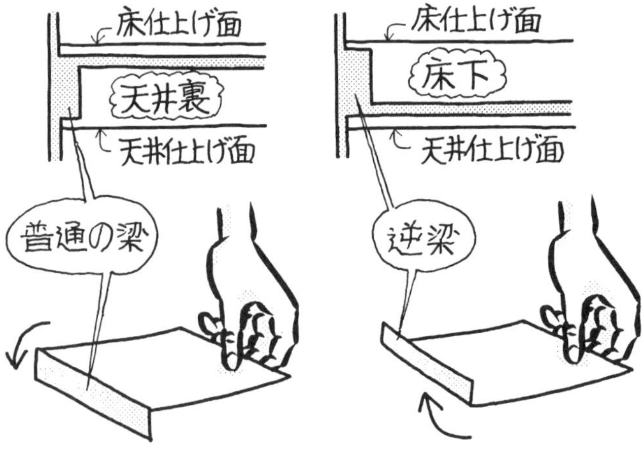

Q ハンチとは？

A 梁やスラブなどで、太くした端部のことです。

ハンチとはhaunchと書き、ホーンチと発音するのが正確です。脚の肉というような意味ですが、建築では膨らませた端部を指します。下図のように、斜め状に太くするのが普通です。
下図のように高さ方向を大きくした垂直ハンチのほかに、水平方向を大きくした水平ハンチもあります。いずれも、構造的な強度を上げるためのものです。
床スラブで、梁に接合する部分を太くするハンチもあります。斜めにするハンチのほかに、階段状にして厚くするドロップハンチもあります。床端部は力がかかりやすいので、厚くして補強しているわけです。
梁やスラブのハンチは、スパンが長いときに使われます。また、地中の耐圧版を支える梁など、大きな力がかかる所にも使われます。

★ R067 壁　その1

Q 耐震壁とは？

▼

A 地震に対抗するためにラーメン構造に入れる壁のことです。

ラーメン構造は柱と梁だけで直角を保ちます。このラーメン構造を補強するために、耐震壁を要所に入れることがあります。
柱から柱に、梁から梁に渡して、スパン全体を壁で埋めて耐震壁とします。耐震壁には大きな穴はあけられず、あけても小さな窓くらいです。
耐震壁の配置は、バランスよく入れることが大切で、偏っていると、地震時に回転する力がかかり、ねじれてしまうことがあります。
1階がピロティとか店舗で、上階が住宅の場合、上階は壁が多くて固くなり、1階だけ柔らかくなってしまいます。このような場合は、1階に耐震壁を入れて補強することが必要です。
マンションの戸境壁は、上階から下階まで通るケースが多いので、この壁を耐震壁として計算することがあります。耐震壁として設計された場合、後から壊して部屋をつなげることはできません。
耐力壁は耐震壁を指す場合と、壁構造で水平垂直荷重の両方を支える壁を指す場合があります。
耐力壁の方が広い意味に使われます。

耐震壁：ラーメン構造の補強として入れられる壁
耐力壁：ラーメン構造の耐震壁または壁構造の荷重を支える壁

両者が混同して用いられることもあります。

Q 剛性とは？

▼

A 変形に対する抵抗の度合いを意味します。変形しにくさ、固さを表します。

建築では**面剛性**という言葉が、よく出てきます。面が平行四辺形になったり、折れ曲がったりしないように、変形に抵抗する性質のことです。耐震壁は、壁によって柱と梁に囲まれた面を固くして、変形に抵抗します。耐震壁によって、面剛性を高めます。ラーメン構造は、柱と梁だけでも面剛性がありますが、それをさらに壁で強めるわけです。
面剛性という言葉は、木造、鉄骨造でも使われます。壁には筋かい（ブレース、brace）を入れて、面剛性を高めます。木造の床は、地震などでゆがみやすいので、角に45度の火打ちを入れたり、梁に直接合板を打つことで、面剛性を高めることができます。面剛性は2×4のつくり方ですが、在来構法でも行います。鉄骨の床では、鉄筋で筋かいを入れて、面剛性をつくり出します。
耐震壁、耐力壁とともに、この剛性、面剛性という用語も覚えておきましょう。

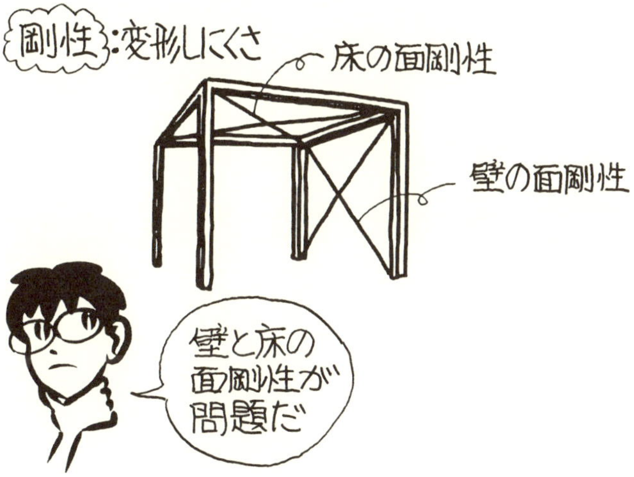

★ R069 壁 その3

Q 耐震、免震、制振の違いは？

A 耐震は地震の力に耐えられるように、壁などを補強することです。免震は地震の力から免れるように、基礎にゴムなどを敷くことです。制振は地震の力を制御するように、おもりを地震の力と反対方向に動かすなどの仕組みです。

耐震＜免震＜制振の順に、より積極的に、機械的に地震力に対抗しようとする手段といえます。地震力のかかり方は複雑ですが、主に水平力にどう対抗するかが問題となります。
耐震は、前項のような耐震壁を設ける、柱梁接合部を補強する、柱の鉄筋を増強するなどで耐力を増やす方法です。主に壁を強く、固くする考え方です。木造や鉄骨造では、筋かい（ブレース、brace）を入れて、壁が平行四辺形にならないように補強します。
免震では、基礎で地盤とその上部を遮断、絶縁して（アイソレート、isolate）、地震の力が直接建物に加わるのを防ぎます。その絶縁部分にアイソレーター（isolator）を入れます。アイソレーターは、ゴムを積層したもの、油圧を使ったものなどがあります。アイソレーターだけでは地震の力を弱められない場合、ダンパー（damper、勢いをそぐもの）を付けます。ダンパーには、鉄パイプをらせん状にしたものなどがあります。
制振は、機械的に地震力に対抗しようとする方式です。ある方向に力が加わると、それとは逆方向におもりを動かして力を相殺させます。
耐震は一般的な建物で、免震は分譲マンションや一部のメーカー系住宅などで、制振は高層建築などで採用されています。

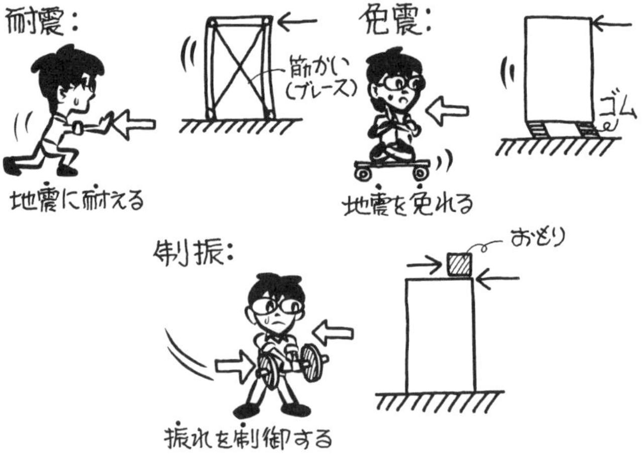

Q 腰壁とは？

▼

A 腰の高さの壁のことです。

文字どおり腰の高さの壁のことで、RC壁では窓の下の壁、ベランダや外廊下の手すりの壁などがあります。
内部仕上げで、腰部分と腰から上の仕上げを分けることがあります。たとえば、腰部分に木の板を張り、上を白い壁にするなどです。汚れや傷は腰部分に集中するので、腰に木を張るのは合理的な仕上げです。この場合の腰の仕上げ部分を指して、**腰壁**ということもあります。その板のことを**腰板**ともいいます。
要は腰の高さの壁は、構造体であろうが仕上げであろうが、すべて腰壁といいます。
窓の下の腰壁は、壁の上から生コンを入れて打つので、生コンが回りにくい部分です。また、腰壁と柱のぶつかる所は、構造的にも問題となる所です。施工上、構造上でも重要な部分といえます。

Q 垂れ壁とは？

▼

A 上から垂れ下がっている壁のことです。

垂れ壁は、前項の腰壁と同様、構造的に問題となることがあります。下図のような垂れ壁と腰壁が直接柱に取り付く場合に、柱は真ん中だけ柔らかく、逆に上にも下にも壁があるのでその部分だけ固くなります。真ん中だけ柔らかいため、力が集中して、柱の柔らかい部分が壊れやすくなります。**短柱破壊**などと呼ばれ、学校建築などで問題となります。
垂れ壁と腰壁の付いた柱は、短い柱と同じことになり、粘りがなくなります。このような場合は、中に帯状に入れる鉄筋（帯筋）を増やす、柱と壁の間に構造的なスリットをつくって大地震のときに壊れて離れるようにするなどの工夫が必要となります。
しかし、RCの部分ばかりでなく、ボードやガラスでつくったような簡単な壁についても、垂れ壁といいます。内部仕上げでの垂れ壁です。
火事の煙は、上に上がってから横に動きます。煙の横移動を防ぐために、天井から50cm以上垂れ下げた防煙垂れ壁もあります。キッチンなどで煙がほかの部屋へ行かないように、垂れ壁を付けることもあります。

Q 袖壁とは？

▼

A 袖のように、柱の脇に付く小さな壁のことです。

柱から柱に渡る大きな壁は、耐震上有効ですが、柱に少しだけ付くような袖壁は**非構造壁**として扱われます。非構造壁は**雑壁**ともいわれます。雑壁には、腰壁、垂れ壁、袖壁などがあります。
非構造壁とはいうものの、前項の腰壁＋垂れ壁＝短柱と同様に、袖壁も若干構造に影響します。袖壁があった方が、柱は倒れにくくなります。
袖は通常、着物の両脇に付くものですから、中心になるものの両脇に付く形状を袖と表現することがあります。舞台の袖、袖柱、袖廊、袖戸、袖鳥居などです。

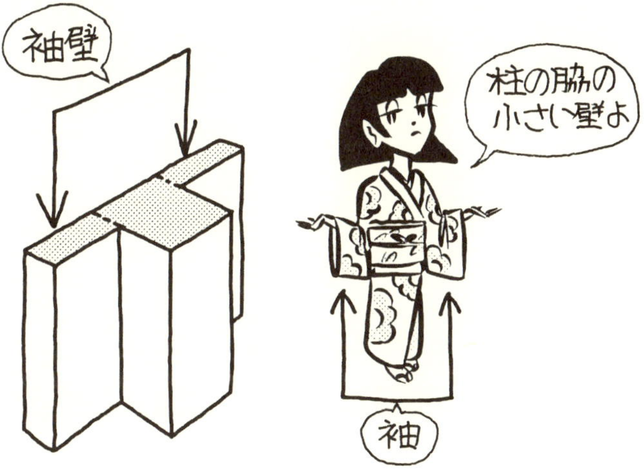

Q エキスパンションジョイントとは？

▼

A 長い建物を構造的に分割して、振動、伸縮が別々に発生するようにした接続方法です。

エキスパンション（expansion）は膨張、ジョイント（joint）はつなぎ目のことで、膨張しても逃げが効くようなつなぎ目をいいます。鉄道の線路のつなぎ目を少し離すのも、同じ原理です。熱膨張で線路が曲がったり持ち上がったりしないように、隙間をあけて逃げをとっているわけです。

水平に長い建物だと、地震時に違う方向に揺れて、被害を大きくする場合があります。途中で分けて離しておき、揺れが別々に生じるようにします。ジョイント部分では、柱、梁、壁を別々に離してつくり、連絡する廊下などはステンレスの板やゴムなどでつなぎ、動きを逃がすようにしておきます。

学校や病院などのいくつかのブロックが集合した建物の場合、ブロックとブロックのつなぎ目は、エキスパンションジョイントとなっています。また、大型マンションでコの字やL字に組む場合も、エキスパンションジョイントを使います。

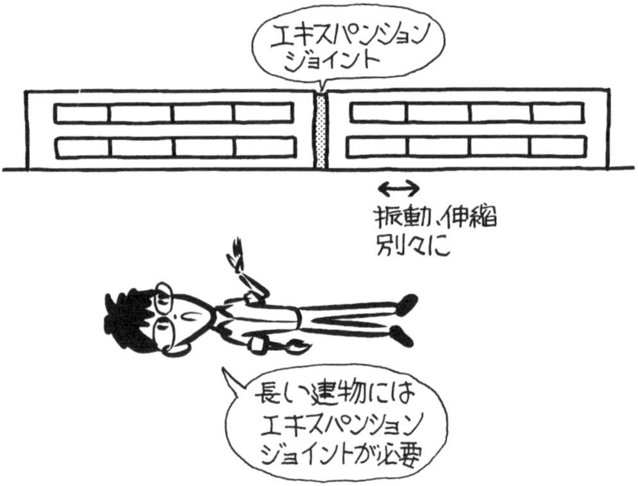
エキスパンション
ジョイント
振動、伸縮
別々に
長い建物には
エキスパンション
ジョイントが必要

Q 片持ちスラブとは？

▼

A 梁や壁から、梁なしで持ち出された床スラブのことです。

普通は片持ちにする（キャンティレバーする）場合、キャンティレバー梁が必要となります。梁なしで持ち出すと、床が下がる危険があります。ただし、外廊下やベランダ、庇などの小さな持ち出しは、スラブのみとすることができます。そのような持ち出しのスラブを、**片持ちスラブ**といいます。

1m程度の外廊下やベランダは、スラブ厚が25cm程度あると持ち出せます。外側には水勾配を付けて、スラブ厚を20cm程度と小さくします。根元の方を厚くして外側を薄くするのは、構造的にも雨仕舞いのうえからも合理的です。

庇の場合は、根元で18cm程度、端部で15cm程度です。水の勾配をとったうえに、根元の方が太くて構造的に強くなります。

片持ちスラブの場合、上下の鉄筋を梁や壁にしっかりと定着する必要があります。定着とは、鉄筋が抜けないようにしっかりと埋め込むことです。キャンティレバーの場合の鉄筋は、特に定着が大切です。上側の鉄筋が抜けると、スラブが根元で折れ曲がってしまいます。

Q 建物の周囲の地面にコンクリートを敷く場合にどんな方法がある？

▼

A 建物本体から片持ちスラブとする方法と、建物と縁を切ってコンクリートを敷く方法があります。

建物の周囲の地面に、砂利やコンクリートを敷くことがあります。このような細長い部分を、**犬走り**といいます。犬走りは、雨水で建物が傷まないように、汚れないように、かつ雨水が建物から外方向に流れやすいように、建物の出入りが楽になるようにと、さまざまな理由でつくられます。
犬走りをコンクリートでつくる場合、2つの方法があります。ひとつは前述した片持ちスラブとする方法、もうひとつは建物と縁を切ってコンクリートを土の上に敷く方法です。
片持ちスラブにすれば、地面が沈下しても、犬走りは沈むことはありません。建物に支えられているからです。RC造の建物は杭などが打たれており、めったに沈下しません。周囲の土が沈下しても、建物とそこから張り出した犬走りはそのままです。犬走りの外側の土が沈下して、犬走りと土との段差が大きくなるだけです。
構造とは関係なく土の上にコンクリートを敷く方法は、土間コンクリート、略して**土間コン**といいます。昔の民家の土間のようなコンクリートだから、このように呼ばれます。
土間コンの場合、土が沈下すると土間コンも沈下します。建物本体と土間コンの間をくっ付けておくと、そこにクラックが入ってしまいます。それを防ぐために、建物と土間コンを2cm程度離して、隙間を弾力性のあるアスファルト製のシール材などで埋めておきます。そうすれば、土間コンが沈むだけで、クラックは発生しません。
土はいくら突き固めても、どうしても重さで沈下してしまいます。そのため、犬走りをつくる際には注意が必要です。

Q ワッフルスラブとは？

▼

A 格子状の梁を付けた、梁と一体となったスラブのことです。

ワッフルというお菓子のような形のスラブなのでこう呼ばれます。普通の梁は、柱から柱に渡す大梁（ガーダー、girder）、梁から梁に渡す小梁（ビーム、beam）の2種類で、その位置はスラブの端部や中央部にのみあります。ワッフルスラブの梁は、格子状にスラブと一体化したような梁となるため、**格子梁**ともいいます。また、このような面を補強するための線材を、**リブ**（rib、肋骨）と呼ぶこともあります。
スラブと梁が一体となったワッフルスラブは、構造美を表現できるため、1960～70年代によく使われました。天井板を張らずに、RCの構造躯体で美しい天井を表現できます。格子の形には、正方形、45度に傾けた正方形、正三角形などが使われます。
また、梁を小さくして分散した形なので、格子梁の成（高さ）を小さくして、階高を抑えることもできます。
天井が露出するため、照明の計画、空調ダクト（空気を送る筒）や配線の隠し方に工夫が必要となります。
お菓子のワッフルのあの形は、火が通りやすい、食感がよい、バターやハチミツがのりやすいなどのメリットがあるそうです。

Q ヴォイドスラブとは？

▼

A 中空の部分を等間隔であけた中空スラブのことです。

ヴォイド（void）とは中空のことです。吹き抜けという意味もあります。スラブを厚めにつくり、中に等間隔にヴォイド（中空）をつくります。ヴォイドスラブは一般のスラブよりも厚くつくられ、中空と中空の間の部分は、小さな梁の役割を担います。ワッフルスラブの一方向にのみリブがあるような構造です。スラブ全体を厚くすると、重くなってしまいます。中空を等間隔にあけることで、リブと軽さの両方を実現しているわけです。

ヴォイドスラブをつくるには、生コンを打ち込む前に、型枠の上に、紙製や薄い鉄板製の円筒を等間隔に並べ、円筒の間の部分と上と下の部分に鉄筋を配置して、生コンを打ちます。

ワッフルスラブ、ヴォイドスラブには、普通の大きな梁は不要です。平板なスラブだけなので、**平板構造**ともいいます。

ワッフルスラブ、ヴォイドスラブともに平板構造で、梁のないすっきりとした天井をつくることができます。

Q ボーリング（boring）とは？

▼

A 地面に穴をあけて、地質などを調べることです。

bore（ボー）とは穴、穴をあけるという意味です。穴をあけることはboringで球を転がすボウリング（bowling）とは違います。

地面に三脚を立てて機材を吊るし、直径10cm程度の穴をあけていきます。穴をあける際に出てくる土も無駄にしません。試料（サンプル）として保存します。円筒形の土の試料は、地下何mの所にどんな地層があるかがわかります。

石油や温泉を掘り当てる穴掘りも、ボーリングと呼ばれます。やっていることは同じですが、深さがまったく違います。建築の調査のボーリングは数十m、温泉や石油は1000m以上です。

試料のことは**サンプル**（sample）といいますが、リンゴなどの芯（core）を抜いた形に似ているので、**コア**とか**ボーリングコア**とも呼ばれます。

試料を横にして、地下何mにどんな地層があるかを分析し、**土質柱状図**にまとめます。土質柱状図は、ボーリング柱状図、ボーリング図などともいいます。この柱状図を見て、基礎や杭の検討を行います。ボーリングするのは敷地の中で1カ所ではなく、何カ所かについて行います。各点で、地層がずれている可能性があるからです。

土を抜き取った後の穴は、地耐力を測る、地下水位を測るなどにも使われます。せっかくあけた穴なので、有効に使おうというわけです。

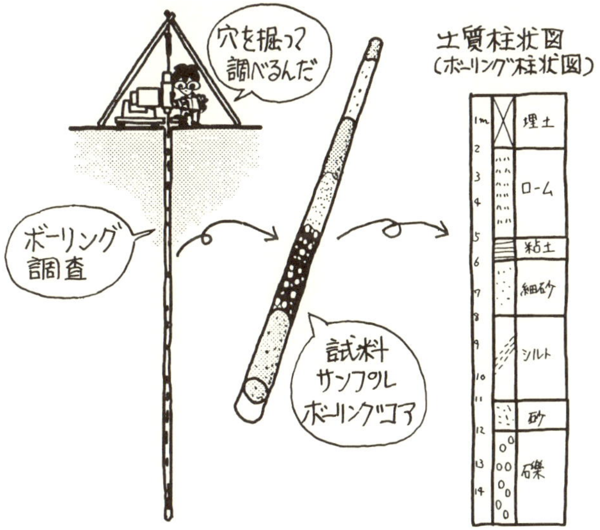

4 地盤

Q 標準貫入試験の原理は？

A 土を上から叩いて、何回叩けば一定の深さまで入る（貫入する）かを調べ、その回数によって、地盤の硬さや耐力を判断します。叩く回数が多いと硬く、少ないと軟らかい地盤とわかります。

下図のように木に釘を打つ場合、叩く力が同じだとすれば、1cm入れるのに3回叩けばよい木と10回叩かなければならない木では、10回の方が木が硬いと判断できます。

釘を打つ力を同じにして（標準化して）、釘を入れる（貫入する）深さを統一すれば、どこでだれがやっても同じ効果が現れます。さらに実験を繰り返せば、何回釘を叩いたかで木の耐力を数字で表すことも可能となります。

標準貫入試験も同様で、同じ力で土を叩き、同じ深さだけ貫入させるために必要な回数を測ります。具体的には、63.5kgのおもりを75cmの高さから落として30cm貫入するのに必要な回数を測ります。

同じ試験を実験室で土の種類を替えて行い、どの土で何回だと地耐力はどのくらいと平均的な数字を出しておきます。実際のボーリング調査で回数を調べ、土の種類を調べれば、地耐力がどれくらいかの見当がつけられます。

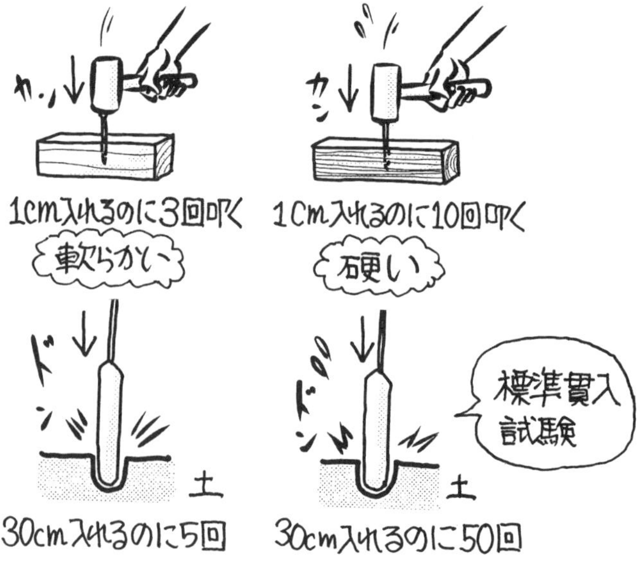
カン
1cm入れるのに3回叩く
軟らかい
カン
1cm入れるのに10回叩く
硬い
ドン
土
30cm入れるのに5回
ドン
土
30cm入れるのに50回
標準貫入試験

★ R080　地盤調査　その3

Q N値とは？

A 標準貫入試験で、おもりが規定値（30cm）まで貫入するのにかかった回数のことです。

ボーリングでは、1m程度の間隔で掘り進めます。各地点ごとに土の採取をして、その後に標準貫入試験を行います。そして、何回おもりを落とすと30cm貫入するかを測ります。その回数をN値と呼びます。
標準貫入試験が終わったら、また1m掘り進んで土を採取し、標準貫入試験を行います。これを順次、繰り返していきます。
各地点でのN値を測り、最終的には土質柱状図（ボーリング柱状図）にプロットしてグラフとします。そのグラフを見ると、どの深さにどのくらいの硬い地盤があるかがひと目でわかります。
中層RC造建物の場合、通常N値が30～50のあたりを支持地盤とします。その地層まで杭を打つ（つくる）わけです。柱の下に杭をつくり、その杭によって柱を支え、建物を支えます。支持地盤よりも上の土が沈下しても、建物は元の位置に建ちつづけられます。
たとえば、地下10mの地点にN値＝30があるけど若干軟らかいし、層も薄い、30mの地点にN値＝50の厚い層があるので、ここを支持地盤にしようなどと考えるわけです。
この地盤調査をなおざりにして建物をつくると、いくら豪華な建物を地上に建てても、すぐにひっくり返ってしまいます。地盤調査と基礎工事は、外からは見えませんが、建築の肝心かなめの部分なのです。

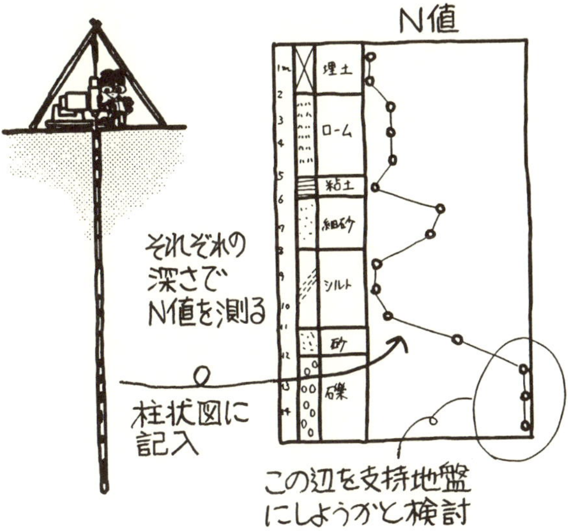

Q スウェーデン式貫入試験の原理は？

▼

A 土の中にねじ状のもの（スクリューポイント）をねじ込んで、その抵抗から地耐力を推定するという方法です。

下図のように、木ネジを木にねじ込む場合、軽く入るのは軟らかい木、力が必要なのは硬い木と推定できます。同様に土も、軽く入るのは軟らかい土、力がいるのが硬い土になります。
試験をする場合、同じ力でねじ込む必要があります。人の力ではバラつきが出て、試験になりません。そこで同じおもりを付けて比較します。具体的には100kg程度のおもりを付けてねじ込み、25cm貫入させるのに何回転したかを数えます。同じ力でねじ込むわけですから、回転数が多い方が硬いというわけです。
実験室で地質別に同じ条件でねじ込み、この地質で何回転ならばN値はこれくらいと事前に数表をつくっておきます。その回転数と実際の現場での回転数を比較して、現場のN値を推定します。
正確には、回転数は半回転の数で数えます。1.5回転なら3とし、5回転なら10とします。そしてその半回転の数から、N値を想定します。
スウェーデン式貫入試験は、手動のもののほかに機械によるものもあります。木造や軽い低層RC造、S造などの、10m程度までの浅い地盤調査に使われます。手軽で安く調査ができるので、住宅などで多用されています。
スウェーデン式と呼ばれるのは、スウェーデンの国有鉄道が地盤調査に採用して一般に広まったからです。**スウェーデン式サウンディング試験**ともいいますが、サウンディングとは、叩いたり回転させたりして行う試験のことです。標準貫入試験も、サウンディングの一種です。

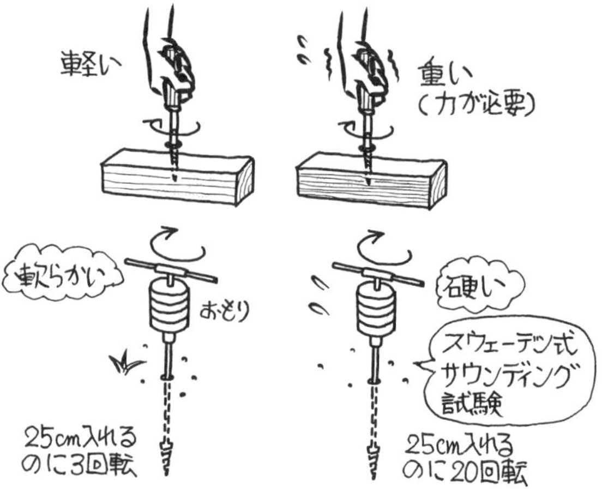

Q 平板積荷試験の原理は？

A 平らな板（平板）の上に重みをかけて、土にどれくらいめり込むかで地耐力を推計する方法です。

土に直接重さをかけるので、もっとも直接的で確実な試験方法です。ただ深い所の試験がやりにくい、各深さごとに行うのが大変などのデメリットもあるので、ほかの試験方法と併用で行う必要があります。
試験に使う平板は、直径30cm、厚さ2.5cm以上の鋼板と標準化されています。試験ごとに各自が勝手に板の大きさを変えて試験すると、比較ができないからです。
試験では、平板に重みをかけますが、その重みは1m^2当たりの重さに換算されます。1m^2当たり何t（または何N）まで耐えられるかがわかれば、その値を建物の基礎の面積倍して、建物全体の重量が何tまでならば地盤は沈まずに耐えられるかを想定するわけです。
重さと沈みをグラフにして、そこから安全を見込んで地耐力を推定します。重さを増やすと沈みも大きくなり、ある重さ以降は沈んだまま戻らなくなり、さらに重さを増やすと、どんどん沈んでいってしまいます。その沈みが止まらなくなる極限の重さの1/3を地耐力とするなどの基準が決められています。

★ R083　地層　その1

Q 礫（れき）層とは？

▼

A 一定以上の粒径（粒の直径）の石が集まった地層のことです。

礫とは2mm以上の粒径の石コロで、礫層とは石コロがゴロゴロと出てくる、石コロだらけの地層のことです。砂利や大きめの玉石などが出てくる層で、昔、川原だった場所などに多く、シャベルで掘ろうにも、石コロだらけでなかなか掘れないような所です。
10～20mの厚さの礫層は、建物を保持する力（地耐力）が大きく、優れた地盤となります。かつて川だった層は普通は土がゆるく、建物の地盤には不向きなことが多いのですが、砂利や石の積もった礫層となっていると、逆に良好な地盤となります。いずれにしろ地盤調査は必要です。
石や土は粒径の大きい順に、

　礫＞砂＞シルト＞粘土

と分類されています。

Q 土丹盤とは？

A 長年にわたって硬く締め固められた土の層のことです。

土丹とは、岩とまではいきませんが、岩に近いくらいの硬さを持つ土のことです。土丹盤と「盤」を付けて呼ぶのも、岩盤に近いくらいの耐力があるためです。
沖積層の下の（前の時代の）洪積層の硬質粘土層、泥岩層などを指します。
建物の地盤を考える場合、地学の分類のような正確さは必要なく、耐力、硬さ、粒の大きさなどで分類しています。地耐力の大きさの順は大まかには、

岩盤＞礫層≒土丹盤

となります。

Q ローム層とは？

▼

A 火山灰が堆積してできた地層です。

火山の噴火による灰が積もり、長い時間をかけて固まったのがローム層です。台地や丘陵地に堆積した赤い土です。

関東ローム層は、富士山、浅間山、赤城山などの火山灰が堆積してできた地層です。地面を掘って出てくる赤土がそれで、木造住宅の地盤としては十分な地耐力があります。RC造3階建て程度なら、杭をつくらなくても建てられることがあります。

★ R086　地層　その4

Q 沖積層と洪積層、どちらが上にある？

▼

A 沖積層です。

沖積層は2万年前以降に形成された新しい地層です。
日本の平野の大部分は、沖積層からなります。河川などにより運ばれた土や泥が堆積してできた地層で、一般に軟弱です。
地学的には**完新層**と呼ばれますが、建築、土木の分野では、軟弱地盤を指して沖積層と呼ぶことが多いです。
一方、洪積層は200万〜2万年前にできた地層で、硬く締まっています。

Q 沖積層と洪積層、どちらが硬くて強い？

▼

A 洪積層です。

洪積層の方が古い地層で、締め固められて強固な地盤となっています。

[スーパー記憶術]
高校生の方が中学生よりも強い！
洪積層　沖積層

★ R088　地層　その6

Q 三角洲とは？

▼

A 河口付近に土砂が堆積してできたほぼ三角形の土地のことです。

河口が扇状に広がり、その中に土砂が溜まり、三角形の土地となったのが三角洲です。デルタ地帯とは、狭い意味ではこの三角洲を指します。大きな河川では、どこでも三角洲が形成されます。バングラデシュはガンジス川のデルタ地帯です。三角洲は河口に形成されるため洪水の危険が高く、毎年雪どけ水が流れる季節に洪水に襲われます。
洪水の危険だけでなく、地盤も軟弱なので、建物を建てる際には注意が必要です。木造でも杭が必要なことが多くあります。

★ R089

Q 扇状地とは？

▼

A 河川が山から平地に抜ける部分で、土砂が堆積した扇状の地形のことです。

地盤は一般に良好ですが、山に挟まれた谷の出口では水害に注意する必要があります。

★ R090　地層　その8

Q 台地とは？

A テーブル状の地形のことです。

火山灰が堆積してローム層となり、全体として台の形（テーブルの形）となった地形です。
地盤が高いため、排水、日当たり、通風がよく、また木造住宅を建てるうえでも十分な地耐力があるので、住宅地として適しています。地名が○○台となっている場合は、良好な台地のケースが多く、○○溝、○○沢などの地名の所より、洪水の心配は少ない場合が多いです。
武蔵野台地、相模台地、大宮台地などの固有名が付いた台地もあります。

Q 盛土、切土とは？

▼

A 傾斜地を造成する際に、新たに土を盛るのが盛土、傾斜地を切り取るのを切土といいます。

切土は元からある土を切り取るので、重さが長い時間かかっていて固まっています。一方、盛土は後から盛るので、固まっていません。土を盛るたびに締め固める必要があります。
盛土は沈下しやすく、切土は沈下しにくい性質があります。両方にまたがって建物を建てると、一方は大きく沈み、片方は小さく沈みます。同じ量の沈下ではないので、建物は傾いてしまいます。これを**不同沈下**といいます。
造成地では一般に、盛土の方が危険です。また、土を支える壁（擁壁）の耐力や水はけにも、十分な注意が必要となります。

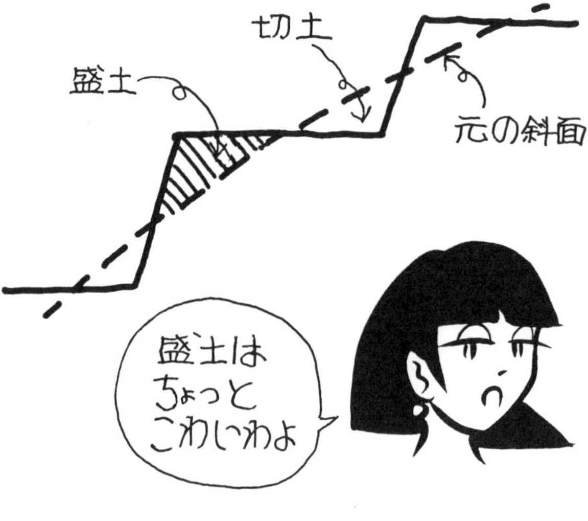

Q 建物の下の地中にある柱状の構造物は何という？

▼

A 杭またはパイル（pile）といいます。

杭は基礎の一種で、軟弱地盤に重い建物を建てるときに使います。各柱の下に、硬い地盤に届くように杭をつくります。建物に下駄を履かせるようなものです。
杭をつくることによって、建物が沈まなくなります。基礎は土の中に入って見えませんが、建物でもっとも重要な部分です。しかも、コストもかなりかかります。
鉄骨造（S造）、木造（W造）などでも、軟弱地盤では杭を打つことがあります。建物が重くなるほど、土が軟らかいほど、杭が必要になります。
杭は、電信柱のように、すでにでき上がったものを現場に運んで打ち込む**既製杭**と、現場でコンクリートを打つ**場所打ちコンクリート杭**があります。既製杭は運搬をしなければならないため、直径が50～60cmと、電信柱より少し太い程度です。場所打ちコンクリート杭は、直径が1m以上の大きなものが多いです。要は、既製品か否かの違いです。

Q 杭を支え方によって2種類に分けると？

▼

A 支持杭、摩擦杭です。

杭を硬い地層まで伸ばして、地層による支持で支えるのが支持杭です。硬い地層が浅い所にない場合や、硬くはないがある程度の強度がある地層の場合に、杭周囲の摩擦によって支えるのが摩擦杭です。摩擦杭の中には、摩擦力を増やすために、杭周囲に節を付けることもあります。

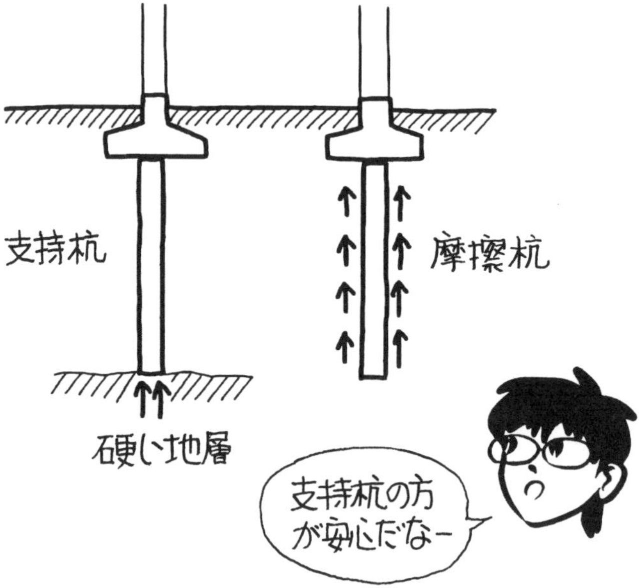

Q 柱や壁の下に置く基礎で、下方が広がった形の基礎を何という？

▼

A フーチング基礎といいます。

フーチング基礎は、フーチングということもあります。フーチングとは、footing（フッティング）の日本語読みです。foot（フット）とは足のことで、足のように底を広げて地面にめり込まないようにしています。
底面が広いと、それだけ重さが分散され、沈下するのを防ぐことができます。たとえばハイヒールは先のとがったヒールに、重さが集中します。軟らかい土の上をハイヒールで歩くと、土に食い込んでしまいます。軟らかい土の上を歩くには、底がべったりとつくスニーカーの方がいいのです。建物でもそれは同じで、底は広がっている方が、建物の重さを支えやすくなります。
通常は柱の下に、フーチング基礎を置きます。また、柱から柱へ、フーチング基礎を長く伸ばすこともあります。低層のRCや鉄骨などの軽い建物では、フーチング基礎だけで支えられる場合があります。もちろん、土が軟らかい場合は無理です。
フーチング基礎の下に杭を付けることもあります。また、木造でもフーチング基礎をよく使います。木造は軽いので、壁の下にフーチング基礎を入れるだけで、たいていは支えられます。

Q 底面全体につくられたRCスラブで支える基礎を何という？

▼

A べた基礎といいます。

全面にコンクリートを打つことを「**べた**」と表現しますが、RCの版（スラブ）を底面全体につくり、それによって支えるのが**べた基礎**です。フーチング基礎よりも底面が広がるため、重みが全体に分散します。べた基礎の下にさらに杭を入れることも、よく行われます。
べた基礎はフーチング基礎と同様に、鉄骨造（S造）、木造（W造）にも使われます。阪神・淡路大震災以降は、木造でも積極的にべた基礎が使われるようになりました。
通常のスラブは上から荷重がかかりますが、基礎スラブは下の土から上に押し上げる力がかかります。鉄筋の定着も、通常のスラブとは逆に上に折り曲げて定着します。

Q べた基礎で使われる、土の力を受ける底面のスラブを何という？

▼

A 耐圧版といいます。

土の「圧」力に「耐」える「版」（スラブ）から、**耐圧版**と呼ばれています。柱や壁を伝わって建物の全荷重が底面に伝わります。その全荷重を底面全体に分散させるのが耐圧版です。

建物から土へは、建物の重さがかかります。逆に土から建物へは、重さに反発する力（反力）、建物を支えようとする力がかかります。重さと支える力がつり合って、建物は地面にめり込まずに静止しています。

土が軟らかいと、支える力が大きく出せません。耐圧版にすると重さが分散されて、土の反力が小さくてすみます。ハイヒールよりもスニーカーの方がめり込みにくいのと、同じ理屈です。

耐圧版の厚みは、2、3階建てのRC造でも、30～40cmとることがあります。

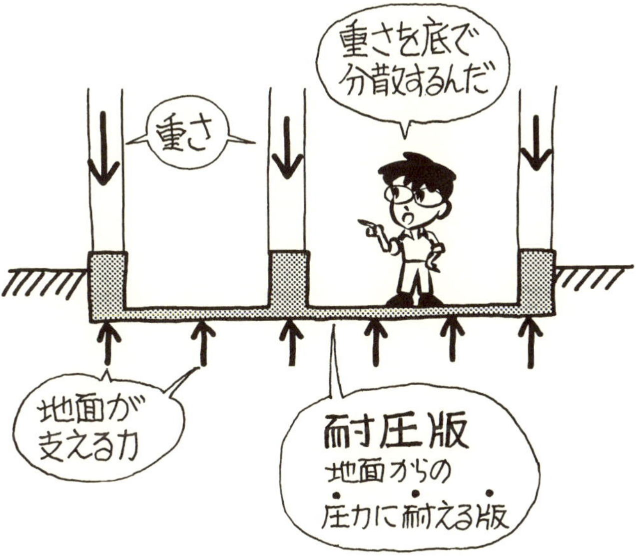

Q 割栗石とは？

A 基礎のコンクリートや土間コンクリートの下に敷く石のことです。

割栗石は、**栗石**、**割栗**とも呼ばれます。長さが20cm程度、幅が10cm程度の石です。少し大きめの石を、玉石大に割った石のこともそう呼びます。
割栗石の替わりに、大きめの砕石も使います。砕石とは、岩を砕いて小さくした人工的な石です。
割栗石は、縦長に土に差し込みます。これを**小端立て**といいますが、木端立て、小刃立てと書くこともあります。後で突き固めるときに、土の中に突き刺さってめり込み、しっかりと止まります。基礎が安定するわけです。
割栗を敷いたら、上から砂利をかけます。**目つぶし砂利**といいます。割栗の隙間を砂利で埋めて、全体を平らにするためです。その上からランマーという機械で叩いて、突き固めます。こうして、基礎や土間コンをつくる準備をするわけです。

①
石を縦に並べる
②
砂利を隙間に詰めて平らにする
ザッ
③
ランマーで突き固める
ダンダン

★ R098　基礎の種類　その7

Q 切り込み砂利（切り込み砕石）とは？

▼

A 0～40mmの範囲の、大小の砕石が集まった砂利のことです。

砕石とは、粉砕機（クラッシャー）で岩を砕いてつくった砂利のことです。その砕石をふるいにかけて、ある大きさ以上のものを除いたものが切り込み砂利と呼ばれる砕石です。**切り込み砕石**ともいいます。砂のような小粒の砕石から大きな砕石までが混ざったものです。粉砕機でつくった砂利という意味から、**クラッシャーラン**（crusher-run）とも呼ばれます。
40mmの網目を持つふるいにかけると、0～40mmの砕石がつくれます。0～40mmの砕石を、C-40とかクラッシャーラン40～0などと書きます。割栗石の上にかける砂利は、このような切り込み砂利で、C-40程度が使われます。割栗石の隙間に入り込むには、小さな砂利から大きな砂利まで必要です。大きな砂利だけだと、隙間がきちんと埋まりません。また、道路のアスファルトの下地などにも、切り込み砂利は多用されます。
ふるいに残った40mm以上の砕石は、さらにふるいにかけて、50mmの砕石とか200mmの砕石などをつくります。この場合は砕石の大きさが大まかに統一されていて、切り込み砂利とは違う使われ方をします。200mmの砕石は、割栗石としても使われます。

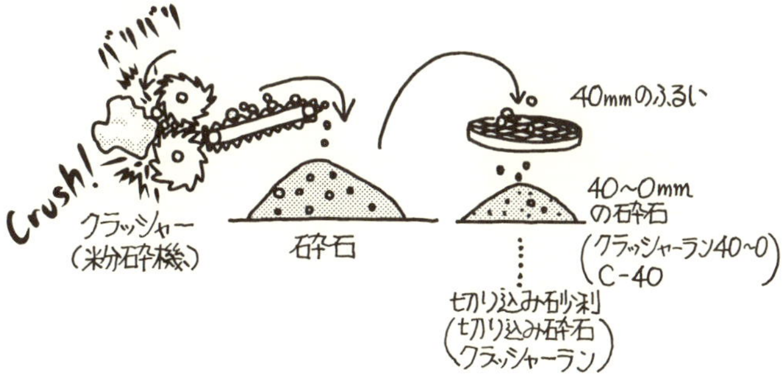

Q 捨てコンクリートとは？

▼

A 割栗石の上に5cm程度の厚みに打つ、躯体工事の準備のためのコンクリートです。

土の上に直接構造躯体をつくろうとすると、重さが土に伝わりにくい、生コンが土にしみ込む、鉄筋を土の上に組まなければならない、墨出しができないなど、いろいろと不都合があります。
そのため、土の上に割栗石を敷き、目つぶし砂利をまいて、突き固めます。その上に**捨てコンクリート**（**捨てコン**）と呼ばれるコンクリートを打ちます。捨てコンはコンクリートと成分は同じですが、水分を少なくすることもあります。
「捨て」と呼ぶのは、下地となるコンクリートだからです。
捨てコンを打つ理由は、まず水平な面をつくることです。固い水平面があれば、その上で工事をするのは楽になります。デコボコした割栗の上で工事をするのは、困難です。水平に高さを調整する、レベルを調整するコンクリートという意味で、**レベルコンクリート**とも呼ばれます。
捨てコンが固まったら、**墨出し**します。捨てコンの上に墨と糸（墨糸）で線を引いて、柱、壁、梁の位置などを確定していきます。
鉄筋を組むのも、捨てコンの上です。捨てコンは固い水平面ですから、鉄筋を水平に配置することが簡単にできます。捨てコンからのかぶり厚さ（R122）も、スペーサーを捨てコンの上に置くだけで確保できます。かぶり厚さは捨てコン表面までで、捨てコンの厚みをかぶり厚さに入れてはいけません。
型枠も、捨てコンがあると組み立てが楽です。鉄筋と型枠工事が終わって、生コンを打ち込み、初めてRC躯体ができます。割栗、捨てコンは躯体ではありません。あくまでも、躯体をつくるための準備段階です。

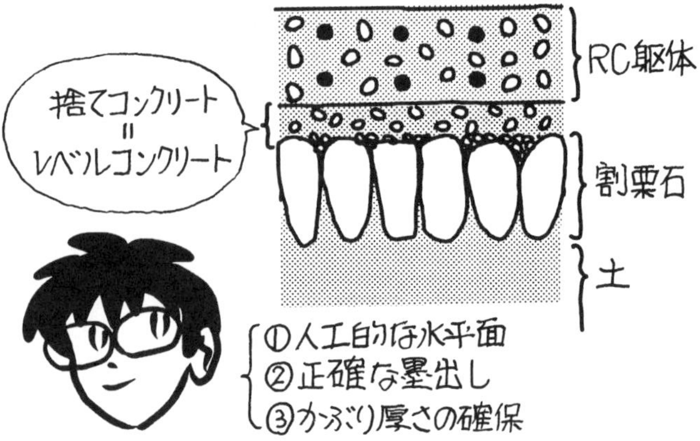

Q マンションなどで、耐圧版の上に1階の床スラブをつくって二重スラブにすることがあるが、どのようなメリットがある？

▼

A RCスラブが二重になっているので、湿気が上がりにくくなります。また、床下に人の通れるスペースができるので、給排水管などの配管のメンテナンスが簡単にできます。

耐圧版の上に、基礎梁の高さをあけて1階床スラブをつくると、RCスラブが二重になった二重スラブとなります。スラブが二重になると、湿気が上がりにくくなります。RC床スラブのすぐ下が土だと、湿気が上がってきます。
トイレの排水管などは、床スラブ下に配管することが多いです。もし故障した場合、土の中だと修理が大変です。その点、二重スラブだと、人が入ることができるので、簡単に修理ができます。この場合60cm角程度の人通口を、基礎梁などにつくっておきます。
地下につくる設備配管を通すような小さな空間を、**地下ピット**などと呼ぶこともあります。ピットとは、穴、窪みといった意味ですが、建築でピットは設備のための空間や溝を指します。

二重スラブは
マンションや
住宅でよく
やるよ
1階の
スラブ
耐圧版
湿気が
上がらない
配管のメンテナンス
が簡単

Q 地下室で、RC壁の内側にコンクリートブロックの壁をつくって、二重壁にすることがあるが、どのようなメリットがある？

▼

A しみ込んできた地下水を下に流して、部屋の中へ入れないという効果があります。

土には、水が多く含まれています。地下水位が高くて地表に近い場合、なおさら多くの水を含んでいます。その水がRC壁からしみ込んで入ってきます。また、台風など大雨のときも、地下には水がしみ込みやすくなります。

その水が部屋の内側に入らないように、二重壁とします。二重壁の間の空間が、水を下に落とす役割を果たします。もちろん、湿気の浸入も防ぎます。

二重壁の内側の壁は、コンクリートブロック（CB）でつくるのが普通ですが、耐水性のボードなどで簡易的につくることもあります。

Q 地下ピットで水を集める窪みのことを何という？

▼

A 釜場といいます。

二重壁の水は下に落として地下ピットへ入れ、さらに勾配を付けた溝などに流して、最終的に釜場と呼ばれる窪みに集めます。釜場には水中ポンプを2台入れておき、交互に運転して水を外へと汲み出します。
水中ポンプとは、水の中にどっぷりと漬けて、水を汲み出すためのポンプです。ポンプを2台入れるのは、1台が故障しても、水を外に汲み出せるようにするためです。
釜場とは、元は何かを炊く釜を置いてある場所ですが、穴の形が釜場にあるものに似ているためか、この名前で呼ばれるようになりました。ちなみに銭湯で釜場とは、湯を沸かす釜がある、ボイラー室を指します。

水は釜場に集めてポンプで吸い上げるんだ
水
水
釜場

★ R103 地下室　その3

Q ドライエリアとは？

▼

A 地下室への採光、換気、搬入などのための空堀です。

ドライエリア（**dry area**）は、直訳すると乾いた場所です。地下室のために、外壁前に設ける穴、堀で、**空堀**ともいいます。
地下に部屋をつくる場合、土に囲まれてしまっては、真っ暗なうえに空気も入ってきません。飲食店のようなものなら、人工照明、強制機械換気などでも解決できますが、健康的ではありません。法規では、住宅の居室は無窓というわけにはいきません。ドライエリアをつくることで、光と空気を採り入れることができます。
地下に機械室をつくる場合は、機械の搬入が問題となります。階段を通って大きな機械を入れられないなど、問題がある場合、機械室の前にドライエリアを設け、大きな扉をつくっておきます。上からクレーンでドライエリアに落とし、そこから機械室へと搬入します。
ドライエリアの穴に蓋をする場合、グレーチングと呼ばれる網状の金物を設置することがあります。人や車が乗っても大丈夫なうえ、採光、換気を採り入れることもできます。
ドライエリアは、地下室からの避難経路となることがあります。そのため、ドライエリアに地上への外階段を設置することもあります。

★ R104 エレベーター その1

Q エレベーターピットとは？

▼

A 最下階のエレベーターシャフト（昇降路）に設ける穴のことです。

ピット（pit）とは穴のこと。エレベーターピットとは、エレベーターのための穴です。
たとえば、1階からエレベーターが上がりはじめるとします。1階の床と同じ位置で昇降路を止めてしまうと、エレベーターは1階には止められなくなります。なぜなら、エレベーターの箱（**カゴ**と呼ばれます）の床には厚みがあり、床下には機械が取り付けられています。さらに、下りてきたエレベーターを急に止めるわけにはいかないので、ある程度の遊びが必要です。落下した場合の緩衝装置も必要です。
そのため、地下に昇降路を伸ばします。その伸びた部分の昇降路をエレベーターピットといいます。
エレベーターの箱が上下する昇降路の縦穴は、**シャフト**とか**エレベーターシャフト**と呼びます。シャフト（shaft）とは、柱状の形をいいますが、井戸のような竪穴を指すこともあります。エレベーターシャフト底部、最下階の床から下をエレベーターピットといいます。

穴がないと
エレベーターを
止められないよ
エレベーター
ピット

Q エレベーターのオーバーヘッド寸法とはどこからどこまで？

▼

A 最上階の床から昇降路上部スラブ下までの距離のことです。

エレベーターの箱（カゴ）上部には、吊るすための構造材や機械があります。屋上スラブと同じ位置に昇降路上のスラブを置くと、頭（ヘッド）がぶつかってしまいます。また、エレベーターを止めるための遊びも必要です。

そのために、オーバーヘッド寸法が決められています。オーバーヘッド寸法を確保するためには、エレベーター機械室の床スラブを、屋上床スラブよりも上に上げなければなりません。そのため、機械室の構造は下図のように、少々複雑な梁組みとなります。

オーバーヘッド寸法は、エレベーターメーカーのカタログに載っています。そのほか、エレベーターの箱を吊る構造材からスラブ下までの寸法、機械室の床から梁下までの寸法なども指定されています。設計者はカタログの数値に合わせて、昇降路や機械室を設計しなければなりません。

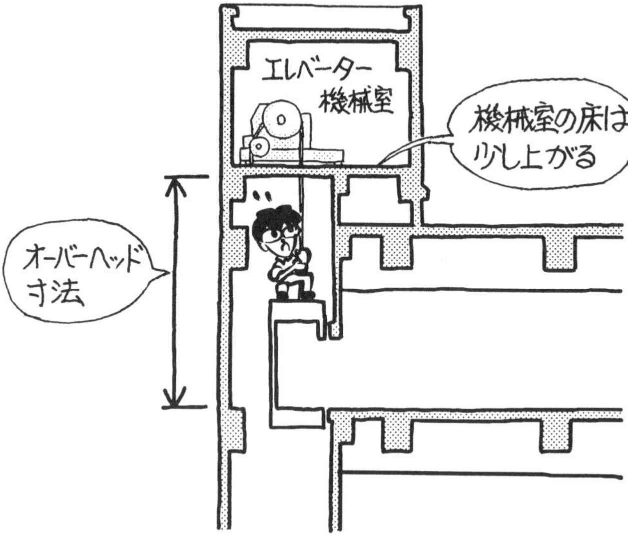

Q 表面にふしのある鉄筋を何という？

▼

A 異形鉄筋または異形棒鋼といいます。

ツルッとした鉄筋は**丸鋼**といいます。デコボコしたふしを表面に付けたのが**異形鉄筋**です。

現在は、異形鉄筋の方がよく使われます。表面に凹凸があるため、コンクリートとの付着がよく一体化しやすいので、引き抜きに対する抵抗も強いです。

丸鋼の断面は円形のため、10mmの丸鋼といえば直径10mmです。直径10mmということを、10 ϕという記号で表します。ϕは直径という意味です。現場で間違えてパイと呼ばれることもありますが、正確にはファイと読みます。

異形鉄筋の場合、断面は円ではありません。そこで、直径10mmの円とほぼ同じ断面積という意味で、D10と表します。D10は、直径が約10mmの異形鉄筋のことです。D10の断面積は、直径10mmの円の面積とほぼ同じです。

異形鉄筋→D10
丸鋼　　→10 ϕ

この記号は覚えておきましょう。なお、D10は細い鉄筋を使う箇所に多く登場し、現場では「デート」と呼ばれることがあります。

Q 柱、梁の軸方向に入れる鉄筋を何という？

▼

A 主筋といいます。梁の上の主筋を**上端筋**、下の主筋を**下端筋**ということもあります。

主筋とは、文字どおりメインとなる、主力となる鉄筋のことです。柱、梁の軸方向、長い方向に通しで入れます。
主筋は引っ張る力、曲げようとする力に抵抗します。主筋が入っていないと、コンクリートは簡単に壊れてしまいます。
柱の主筋は、最低でも4隅に1本ずつ、計4本入れます。2、3階建ての柱でも、D20程度の鉄筋を各辺に3本ずつ、計8本入れます。
梁の上端筋、下端筋が離れている場合は、中間にも軸方向に鉄筋を入れることがあります。主筋の中間に入れる鉄筋を、腹に入れるという意味で**腹筋**と呼びます。
上端筋、下端筋の本数は、構造計算によって変わります。上の方が多かったり、下の方が多かったりとさまざまです。

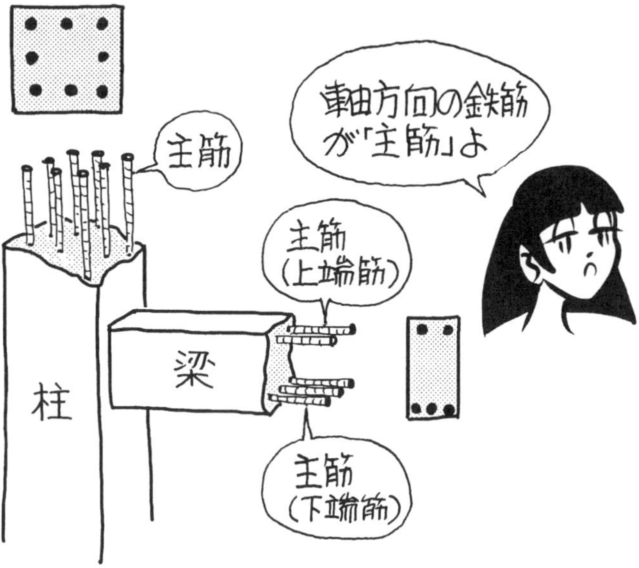

★ R108 鉄筋の種類　その3

Q 柱の主筋のまわりに巻き付ける鉄筋を何という？

▼

A 帯筋またはフープといいます。

帯状に巻くので、**帯筋**といいます。英語では**フープ**（hoop）。フープとは輪、たが（樽、桶などの）という意味です。
帯筋は、柱を横から平行四辺形にずらして変形しようとする力（せん断力）に抵抗します。また、帯筋内部のコンクリートが大地震のときに横に飛び出さないようにする効果や、柱を粘り強くする効果もあります。
帯筋は D10 の異形鉄筋を、10cm 以下の間隔で入れることが多いです。
梁に巻き付く鉄筋は別の名前で呼ばれるので、ここで帯筋、フープの名前は覚えておきましょう。

[スーパー記憶術]
帯が締まって、フープ！　苦しいわ
帯筋

Q スパイラル筋とは？

▼

A らせん状の帯筋です。

スパイラル（spiral）とは、らせんとか渦巻きという意味です。スパイラル筋はらせん状に巻かれた帯筋のことです。**スパイラルフープ**とも呼ばれます。
グルグルに巻かれているので、通常の帯筋よりも主筋の拘束が強く、外れにくいという長所があります。地震のときには内部のコンクリートが外側に飛び出して柱が壊れることがありますが、帯筋の拘束が強いと、それを防ぐことができます。
通常、帯筋は、現場で1本ずつ決められた間隔で入れていきますが、その間隔を維持するのも大変です。下に帯筋を重ねておいて、主筋を立ててから上にずらし、一定間隔で帯筋を留めていきます。一方、スパイラル筋は最初から工場で全体がつくられているので、上からはめるだけです。施工精度も維持できます。
ただし、柱1本分の帯筋を通しでつくるため重くなり、上に持ち上げるのも、主筋の外側に落とし込むのも一苦労です。また、コストも高くなります。施工が大変なうえにコスト高なので、理想的な帯筋でありながら、あまり使われない傾向にあります。

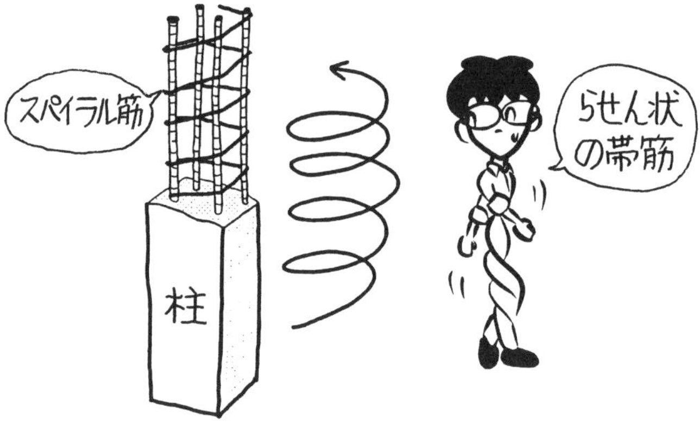

★ R110 鉄筋の種類　その5

Q 梁の主筋のまわりに巻き付ける鉄筋を何という？

▼

A あばら筋といいます。

あばら骨のように巻き付けるので、**あばら筋**といいます。英語では**スターラップ**（stirrup）といいます。
スターラップとは、乗馬で鞍の両脇に足をかけるために吊るすあぶみ、登山用の短い縄ばしごといった意味があります。本来はこのようなものを引っかける輪っか状の金物を指しますが、建築ではあばら筋を指すようになりました。
あばら筋はD10の異形鉄筋を、25cm以下の間隔で入れることが多いです。
柱は帯筋、梁はあばら筋。帯もあばらも、主筋に巻き付けたものです。初めは混乱しやすいので、フープ、スターラップという用語とともに、ここで覚えてしまいましょう。

［スーパー記憶術］
張り切って、あばらが出ているのがスターの条件
梁　あばら筋　スターラップ

Q 壁の中の鉄筋はどんな形に組む？

▼

A 縦横に網目状（グリッド状）に組みます。

D10程度の異形鉄筋を、20cm間隔程度で縦横に組みます。正確には構造計算によります。
一重に網目を入れるのを**シングル配筋**、二重に網目を入れるのを**二重配筋（ダブル配筋）**といいます。耐震上有効な壁（耐震壁）や厚い壁のときは、二重配筋が普通です。
厚い壁なのにシングル配筋だと、コンクリートにクラックが入りやすくなります。二重配筋でも、縦筋を互い違いに入れる場合は、**ちどり配筋**と呼ばれます。

Q ダブル配筋をちどり配筋とするのは？

▼

A かぶり厚さ、あき寸法がとりやすくなるからです。

決まった壁厚の中に二重にもち網状の鉄筋を入れる場合、鉄筋どうしが密集してきます。あまり鉄筋どうしが近づくと、生コンの砂利が通らなくなります。また、コンクリート表面にも近づき、かぶり厚さも小さくなってしまいます。しかも、鉄筋がサビやすくなります。

鉄筋のあき寸法は、鉄筋径や砂利径の何倍以上、何mm以上、かぶり厚さは何mm以上などと決められています。砂利が詰まることの防止、鉄筋がサビてコンクリートが爆裂することの防止など、さまざまな意味があります。あき寸法、かぶり厚さをとるうえで、ちどり配筋は有効です。

両側のコンクリート表面からかぶり厚さ分だけ離して横方向の鉄筋を置き、それに直交するように縦方向の鉄筋を置くと、縦筋どうしのあきが小さくなります。それが規定値以下の場合、ちどりにずらすとあきをとることができます。

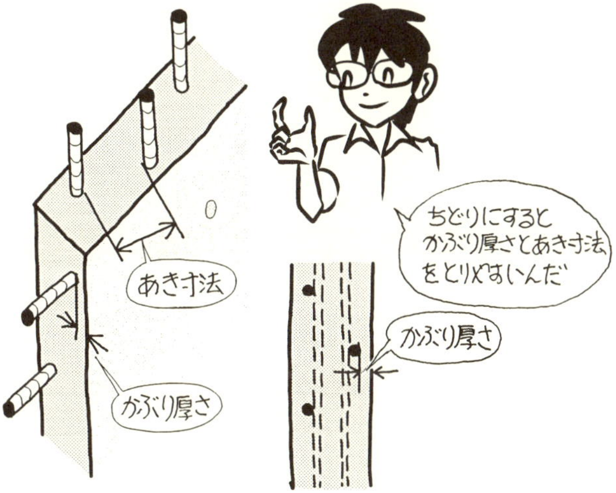
あき寸法
かぶり厚さ
ちどりにすると
かぶり厚さとあき寸法
をとりやすいんだ
かぶり厚さ

★ R113　配筋　その3

Q 床版（床スラブ）の中の鉄筋はどんな形に組む？

▼

A 縦横の網目（グリッド）を2段に組みます。

D13程度の異形鉄筋を、15～20cm間隔に縦横2段に組みます。正確には構造計算によります。
上の鉄筋を**上端筋**、下の鉄筋を**下端筋**と呼ぶのは、梁の場合と同じです。
鉄筋の太さは、梁から梁までどれくらいのスパンかによって異なります。短い方の辺（短辺）の方向の鉄筋によって主に支えようとするため、短辺方向に太い鉄筋を使って、さらに間隔を狭く配筋します。

★ R114

Q 鉄筋のフックとは？

▼

A 鉄筋の先端を、鉤状に曲げることです。

フック（hook）とは、鉤状の金物のこと。鉄筋では先端を曲げることを指します。

フックにすると、コンクリートとの付着がよく、引き抜きに対する抵抗も大きくなります。先端を切り放しの状態にするよりも、構造的に強くなります。

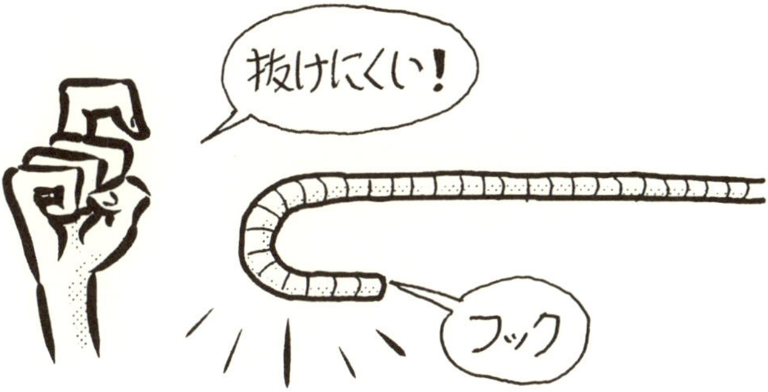

Q 鉄筋の定着とは？

▼

A 鉄筋を柱、梁などから抜けないように、しっかりと埋め込むことです。

たとえば、梁の主筋は、柱に定着させます。大きくL字形に曲げて、柱の中に埋め込みます。特に上端筋は、柱の中心よりも先に埋め込みます。フックが鉄筋の先端だけ小さく曲げるのに対して、定着では大きくL字形に曲げます。
このように梁の鉄筋を柱にしっかり定着すると、上から重みがかかっても、鉄筋が抜けることはありません。逆に、定着が甘いと、鉄筋が抜けて、梁が落ちてしまいます。梁の鉄筋ばかりでなく、柱の主筋の基礎への定着、壁の鉄筋の柱への定着、床スラブの鉄筋の梁への定着など、定着はどの部位でも必要です。
定着長さは、法律や各種基準で、鉄筋径の何倍以上と決められています。それだけ、安全に関係することなのです。

★ R116　配筋　その6

Q 鉄筋の継手とは？

▼

A 鉄筋どうしを軸方向でつなぐことです。

軸方向で材をつなぐ方法を継手といい、木造などでも使われる用語です。鉄筋が長く通しで必要な場合、つないで長くしなければならず、継手が必要となります。
鉄筋どうしを一定長さだけ重ねて、鉄線で縛る**重ね継手**が一般的です。コンクリートが固まると一体化され、1本の鉄筋としての効果が出ます。
重ね継手以外に、**ガス圧接継手**という方法もあります。ガス圧接ともいいます。炎で加熱し、接合端面を膨らませて接合した継手です。
継手の重ね長さ（重ね継手長さ）には基準があり、鉄筋径の何倍と決められています。

重ね継手
継手長さ
長くて大変！
継手しなさいよ

Q 鉄筋のガス圧接とは？

▼

A ガスの熱と圧力で、鉄筋をつなぐ継手の方法です。

径が20mm程度以上の太い鉄筋は、ガス圧接でつなぎます。両方から押された状態の鉄筋を、円弧状のガスバーナーで熱し、こぶ状の膨らみの状態で一体化します。
ガス圧接では鉄筋は溶けているわけではなく、鉄の原子に活発な運動をさせ、再配列させて一体化させているのです。1200～1300℃で鉄を溶融することなく、固体のまま接合させるのが、ガス圧接です。鉄道のレールも、ガス圧接でつなぎます。
一定量の圧接継手は、引張り試験や超音波探傷試験を行って、安全性を確認します。ガス圧接直後に膨らみを切り取り、接続面を目視できるようにする熱間押し抜き法を行えば、さらに安全性が高まります。この方法を用いれば、膨らみ内部で鉄筋どうしが一体化していない場合も、目視で切れ目が確認できるからです。

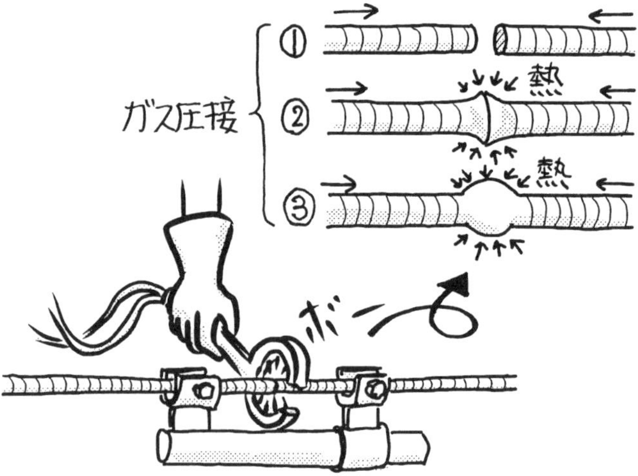

★ R118　配筋　その8

Q 鉄筋組み立て時に鉄筋相互の固定はどうする？

▼

A 鈍し鉄線で結束します。

直径0.8mm程度の焼き鈍した鉄線を使って結んで留めます。鈍し鉄線とは、いわゆる針金の一種です。
鉄は焼き鈍すと軟らかく、切断しやすくなります。**焼き鈍し**とは、熱した後に徐々に冷やすことです。水や油などに入れて急冷するのは、**焼き入れ**といいます。鉄は焼き入れすると、硬くなりますが、もろく欠けやすくもなります。刃物は焼き入れをしてつくります。

焼き鈍し→軟らかくなる
焼き入れ→硬くなる

結び付けるための鉄線は、軟らかい方がいいわけですから、焼き鈍しでつくられます。焼き鈍しでつくられた鉄線なので、**鈍し鉄線**と呼びます。**鈍し番線、番線**ともいいます。
鈍し鉄線を2つ折りにして結び、輪になった部分に工具を入れてねじって、固く締めます。鈍し鉄線を巻いてひねって留めるわけです。そのねじるための工具を、ハッカーといいます。
鉄筋どうしを溶接で付けると、熱が加わるので、膨張したまま留まることになり、冷めたときに収縮して、鉄筋内部に力が発生してしまいます。また溶接では、生コンの圧力に負けて外れてしまうことも考えられます。鈍し鉄線で結束すれば、そのようなことは起こりません。

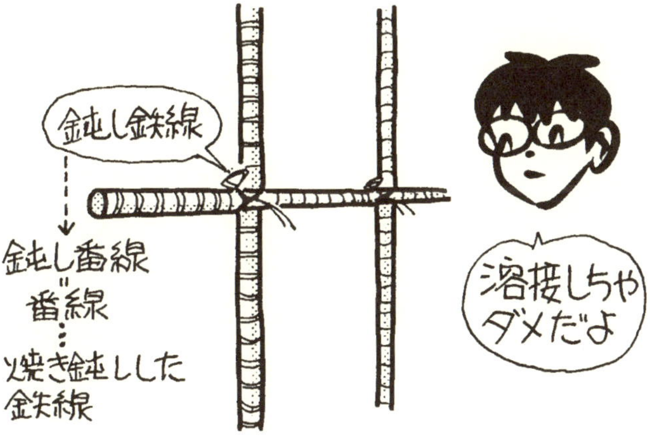

Q 梁のスリーブとは？

▼

A 設備の配管などを通すために、梁にあけた孔のことです。

スリーブ（sleeve）とは、袖のこと。ノースリーブとは袖がない服のことです。袖に腕を通すように、設備の管を通します。梁でも壁でも、貫通孔のことをスリーブといいます。
配管類は梁下に通すのがベストですが、天井裏がとれないため、梁にスリーブをとるケースは多くあります。マンションでよく見かけるのが、キッチンなどの排気管を通すスリーブです。天井面が梁下より上にあるマンションでは、梁貫通を余儀なくされています。
壁のスリーブでよく見られるのは、クーラーの冷媒管を通すスリーブ、給気口のためのスリーブです。
スリーブは壁よりも梁の方が、構造的に重要です。大きな孔を梁にあけると、重みを支えきれず壊れる可能性があるからです。梁にスリーブをあける場合は、梁の高さ（梁成）の1/3以下にします。
スリーブは計画的にあけるもので、後から何も考えずにあけてしまうと、構造的な欠陥となるおそれがあります。

★ R120 スリーブ　その2

Q 梁のスリーブを補強するには？

▼

A 補強のための鉄筋を、さまざまな形で入れます。

下図のようにスリーブのまわりに鉄筋を増やして配置し、スリーブでできた孔を補強します。スリーブの補強は下図のほかに、メッシュ状の溶接された金網（溶接金網）を入れたり、鉄板を入れたりします。
梁のスリーブは、本当はあってはいけない孔です。梁は重要な構造体で、床の重みがずっしりとかかってきます。やむを得ずスリーブをあける場合は、図のように徹底的に補強する必要があります。

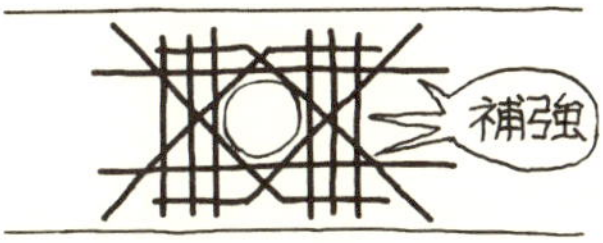

Q 壁にあけた窓、ドア、スリーブなどの孔を補強するには？

▼

A 補強のための鉄筋を、縦横および45度に入れます。

鉄筋で補強しないと、下図左のように、窓の角に斜めのクラック、窓の辺に縦横のクラックが入りやすくなります。
そこで、孔の角には45度に鉄筋を入れ、4辺には平行に縦横に鉄筋を入れて補強します。窓、ドア、スリーブなど、コンクリートの壁にあけた孔を補強するには、鉄筋の補強を必ず入れます。
壁は梁ほどには重みがかからないので、梁のスリーブほど補強は大げさではありません。ただし、後からコンクリートに孔をあけると、補強のための鉄筋はなく、そのうえ壁の鉄筋を切断することにもなるので、コンクリートの耐久性が低下します。

Q コンクリート表面から鉄筋表面までの距離を何という？

▼

A かぶり厚さといいます。

文字どおり、コンクリートが鉄筋にどれくらいかぶっているかの厚みです。

コンクリートは表面から中性化していきます。中性化すると、鉄筋はサビやすくなります。鉄筋がサビると膨張して、周囲のコンクリートを破壊してしまいます。かぶり厚さが薄いと、鉄筋のまわりのコンクリートが早く中性化してしまい、鉄筋がサビやすくなります。

かぶり厚さが薄いと、コンクリート表面にクラックが入りやすくなります。極端な話、かぶり厚さが1mmだと、コンクリートを打ったその日のうちにクラックが入り、鉄筋が露出してしまいます。クラックができると、そこから水がしみ込み、鉄筋がサビてしまいます。

かぶり厚さが薄いと、生コンを流し込むときにも、支障が出ます。砂利が型枠と鉄筋の間に詰まって、生コンが下に流れなくなってしまいます。その部分だけコンクリートがない状態になってしまい、構造的な欠陥となります。

コンクリートを打つ前に、配筋検査を行います。そのとき、かぶり厚さを見るのは重要なことです。かぶり厚さが足りないところは、鉄筋と型枠との間にスペーサー（かぶり厚さをとる道具）をかませるか、最悪、配筋やり直しとなることもあります。かぶり厚さは各種基準で、どの部位では何cm以上と決められています。

Q スペーサーとは？

▼

A 鉄筋と型枠の間に挟んで、鉄筋のかぶり厚さを確保する道具です。

スペース（space）をとる道具という意味で、スペーサーといいます。スペーサーがないと、生コンを流したときに生コンの重さで鉄筋が動いて、かぶり厚さが小さくなってしまいます。それを防ぐために、必ず一定間隔でスペーサーを鉄筋と型枠の間に入れます。

外壁ではかぶり厚さは2cm以上必要ですが、コンクリート増し打ち（R132）の厚さが2cmの場合、合わせて4cm必要となります。よって、4cmのスペーサーを挿入します。

スラブ筋も、4本足のスペーサーなどを使ってかぶり厚さを確保します。生コンを打つ前に、かぶり厚さがとれているかどうかチェックし、とれていないようなら追加でスペーサーを入れます。

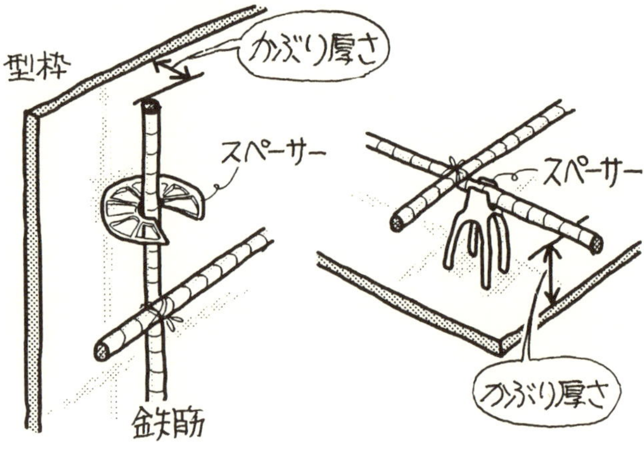

★ R124　打ち継ぎ　その1

Q 2階建てのRC造陸屋根の建物で、コンクリートを打つ順番は？

▼

A 1階の床スラブ上端まで→2階の床スラブ上端まで→屋根階の床スラブ上端まで→パラペット、という順番で打ちます。

それぞれ約1カ月かかりますが、1層分の壁、梁、床は一気に打ち、床上で止めます。床が固まってから、上の床を打つわけです。コンクリートが固まらないと、型枠工事、配筋工事ができません。
1階の床スラブの下に基礎がある場合は、基礎を打ち、その次に1階床上までを打ちます。
梁は床スラブと一体のため、床スラブ上まで打てば、梁全体ができ上がります。このように、RCでは、床1枚1カ月で、順々に各階を組み上げていきます。
最後にパラペットを打ちます。パラペットと屋根の床スラブを一体として打てればいいのですが、内側の型枠などを考えると、難しい工事になってしまいます。型枠は両側につくって、中に生コンを打ち込みます。外側は外壁と一緒です。内側は屋根スラブが固まってからでないと、普通はつくれません。固まっていないスラブの上に組み立てることになるからです。そこで無理に内側の型枠をつくる場合は、浮き枠となります。小さな部分なら浮き枠でも可能ですが、大きくなると不可です。パラペットの立ち上がり部を少し（たとえば高さ100mmまで）だけ床スラブと一体で打つことはよく行われます。立ち上がりの水に弱い部分だけでも、床スラブと一体にしておこうという考えです。

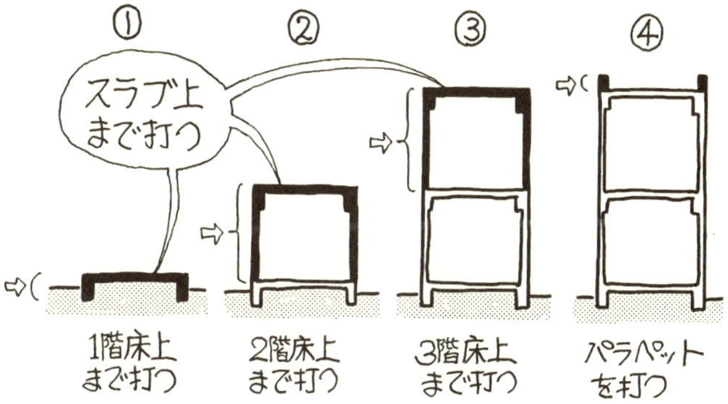

★ R125　打ち継ぎ　その2

Q 床スラブ上までコンクリートを打つとき、下階の鉄筋はどうする？

A 縦方向の鉄筋（柱の主筋、壁の縦筋など）を床スラブ上で切らずに、上に出しておきます。

上の階の鉄筋を組むとき、この上に飛び出した鉄筋につなぐ（継手する）わけです。鉄筋をスラブ上ぴったりで切ってしまうと、上下階の鉄筋はつながっていないことになり、コンクリートも鉄筋も一体化せずに、構造的に問題となります。
既存のRC部分の上から、後施工でRCをつくらねばならない場合は、**差し筋**という方法を使います。前施工のコンクリートに孔をあけ、そこに鉄筋を差し込みます。差し込むだけでは抜けてしまうので、ケミカルアンカー（硬化する樹脂を使って抜けなくする製品→R153）などを使って、鉄筋を前施工のコンクリートにアンカーします（しっかりと留めます）。その後に型枠をつくってコンクリートを打つわけです。
コンクリート打ち継ぎ部分に、用心のために差し筋をする場合があります。この場合の差し筋は追加で差し込む鉄筋という意味です。新旧コンクリートどうしの一体化を強めるために行います。

Q コンクリート打ち継ぎ部分から、水は浸入しやすい？　しにくい？

▼

A 浸入しやすいです。

コンクリート打ち継ぎ部分は、コンクリートが完全には一体化されていないので、雨や地下水が浸入しやすい部分となります。打ち継ぎ部分をいい加減に扱っていると、致命的な欠陥となってしまいます。
そこで、打ち継ぎ部分に打ち継ぎ目地をつくってシールしたり、コンクリート内部に止水板を入れたりと、さまざまな工夫をします。
そのように工夫しても、地下の打ち継ぎ部分は、地下水が浸入しやすい弱点となります。そこで、地下室では水が浸入してもいいように壁を二重にしたり、RC躯体の外側を防水層で覆ったりします。

Q コンクリート打ち継ぎ目地はどのようにつくる？

▼

A スラブ上端外壁側に、幅、深さとも2cm程度の溝をつくり、そこにシーリング材を充填してつくります。

コンクリートを打ち込む前に、目地棒という2cm角程度の棒をスラブ端の型枠に付けておきます。そしてコンクリートが固まった後に外せば、2cm角の溝ができます。その溝を接着性と伸縮性のあるシーリング材で充填します。

溝をつくらずにシーリング材を打とうとしても、コンクリートの表面に盛り上がって付くだけで、後から落ちてしまいます。溝をつくることで、シーリング材の入る場所ができ、シーリング材の接着性と伸縮性から、水の浸入を防ぐという仕組みです。

RC造の建物で、外壁が塗装仕上げか打ち放しとされているものは、コンクリート打ち継ぎの位置が、この目地によって確認できます。

★ R128 打ち継ぎ　その5

Q コンクリートの打ち継ぎ目地に使われるシーリング材は？

A 上を塗装しない場合はポリサルファイド系シーリング材、上を塗装する場合はポリウレタン系シーリング材を使います。

高分子化合物で、接着性があり、硬化後もゴムのような弾性があります。伸縮するうえに耐水性があるので、目地にシーリング材を充填すると、水の浸入を防ぐことができます。
シーリングを打つ工事は、充填用のガン（銃）を使い、目地の外にあふれないように紙製のマスキングテープを張っておきます。
シーリング材は、**コーキング材**とも呼ばれます。シーリング材を打つことを「シールする」ということもあります。一般に、シール（seal）を貼るという場合のシールと同じ単語です。

塗装なし→ポリサルファイド系シーリング材
塗装あり→ポリウレタン系シーリング材

Q コンクリート打ち継ぎ目地のシーリング材は、2面接着？　3面接着？

▼

A 3面接着とします。

目地のシーリングの場合、2面接着と3面接着があります。相互に動かない場合は、3面接着とします。コンクリートどうしは、相互に動くわけではないので、3面接着とします。

打ち継ぎ面の上のコンクリートと下のコンクリートは、一体化されたものです。板をつないだものではないので、上のコンクリートが下から離れて動くことはありません。下図で面①、面②は離れたり近づいたりはしません。よって、シーリング材を、面③にも接着させます。

面③にシーリング材が接着していない場合、目地の上から入ってきた水が面③の隙間に入り込み、その下のコンクリートへとしみ込む可能性があります。よって、面③とも接着させます。

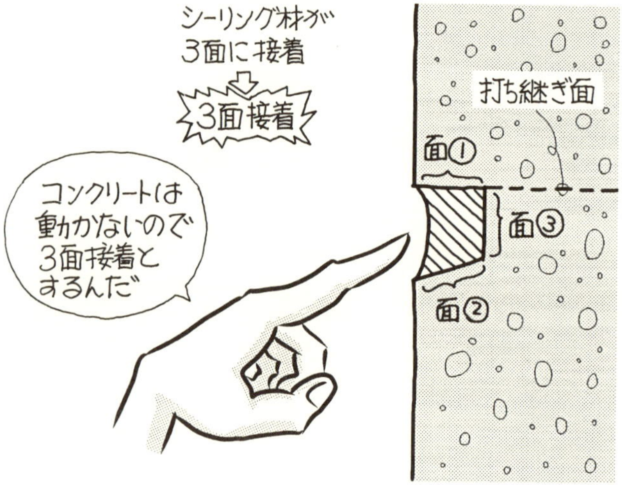

Q 板の継ぎ目のように、目地幅が動くと予想される目地のシーリング材は、2面接着？　3面接着？

▼

A 2面接着とします。

左下の図のように3面接着にすると、目地幅が広がった際に面③が開き、接着されたシーリング材が引き裂かれてしまいます。面③が開くと、面③にベッタリと付いたシーリング材も、それにつられて動いてしまうからです。
シーリング材が板の動きで損傷するのを防ぐには、面③に接着しなければいいわけです。2面接着では、面①と面②のみにシーリング材を接着させます。板が割れるように動いても、面③とは接着していないため、シーリング材は伸びるだけで損傷は避けられます。
このように動く継ぎ目のことを、**ワーキングジョイント**といいます。コンクリート版どうしの継ぎ目、サッシとコンクリートの継ぎ目などがワーキングジョイントです。ワーキングジョイントでは、2面接着が原則です。

ワーキングジョイント→2面接着

この2面接着を可能にするのが、**バックアップ材**といわれるものです。シーリング材と接着しない材質でできたバックアップ材で、目地の奥をふさぎます。その上にシーリング材を打てば、2面接着となります。
バックアップ材には厚みがあり、同じ用途でも厚みのないものは**ボンドブレーカー**といって区別する場合があります。目地の深さを調整する場合にはバックアップ材を、深さを調整せずにそのままシールを打ちたい場合はボンドブレーカーを使います。ただし、両者の用語が混同されて使われることもあります。

厚みあり→バックアップ材
厚みなし→ボンドブレーカー

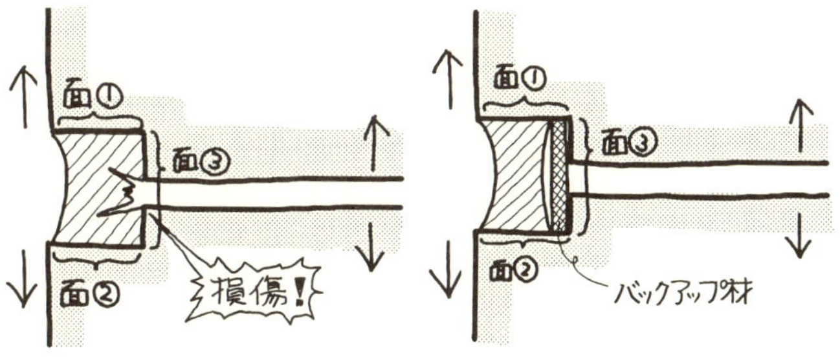

3面接着　　2面接着

Q 鉄筋のかぶり厚さは（コンクリート表面？　目地底？）から測り、構造上有効な壁の厚みは（コンクリート表面？　目地底？）から測ります。

▼

A 鉄筋のかぶり厚さ、構造上有効な壁の厚みともに、目地底から測ります。

コンクリート表面から鉄筋表面までの距離をかぶり厚さといい、どれくらい鉄筋にコンクリートがかぶっているかを表します。かぶり厚さ20とは、鉄筋の上に20mmの厚さのコンクリートがかぶっていることを表します。

目地の部分は溝になっており、その部分はコンクリートがない状態です。そこで、かぶり厚さは、外壁側に関しては、目地底から測らなければなりません。

構造計算で、RC壁の厚さが20cmと出ていたとします。目地の部分は溝ですから、構造的には効きません。目地底から反対側までの厚みが、構造上有効な厚みとなります。

要するに、目地の深さ分のコンクリートは、かぶり厚さでも構造でもないものとして扱うということです。そうすれば安全側の設計ができます。

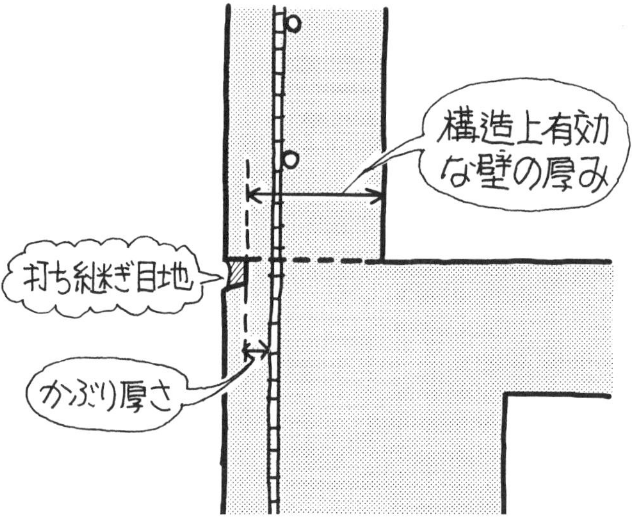

Q コンクリート増し打ちとは？

▼

A 打ち継ぎ目地の深さ分の厚みを、構造設計上の厚みに加えることです。

文字どおりコンクリートを増して打つのですが、目地の深さ分、増して打つのが普通です。目地の深さは2cm（20mm）程度なので、増し打ちも同じ2cmとします。

増し打ちは、一体とするため本体のコンクリートと一緒に打ちます。増し打ちだけ、後で打つことはできません。

コンクリート増し打ちをすると、構造上の厚みを保持したまま打ち継ぎ目地をつくることが可能となります。また、鉄筋のかぶり厚さも、目地の所以外の壁では、規定よりも大きめになります。

コンクリート増し打ちをすることにより、設計強度やかぶり厚さを安全側につくることができます。コンクリート増し打ち部分は、図面では破線で表します。

既存のコンクリートに、差し筋などをして新たにコンクリートを「増して打つ」場合も、増し打ちということがあります。耐震補強や増築のようなケースです。

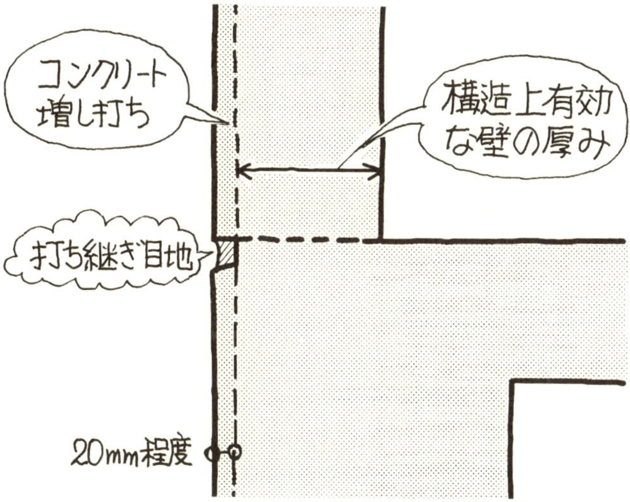

★ R133　器具　その1

Q コンクリート打ち放し面にある丸いマークは何？

▼

A Pコンを抜いた跡です。

Pコンとは、プラスチックコーン（plastic cone、プラスチック製の円錐）の略で、型枠を保持するための道具です。昔は木製だったので、木コンと呼ばれていました。Pコンにはさまざまな製品があります。

生コンが固まって型枠を外したとき、コンクリート面にはPコンが埋め込まれたままなので（①）Pコンを回して抜きます。回しやすいように、Pコンの中には六角形の金具が付いていることもあります。

Pコンを抜くと、コンクリートに円筒状の孔ができます（②）。その孔の中には、Pコンがはめ込まれていたボルトが見えます。Pコンにはこのボルトにはめるためのメスネジが、底部に彫られています。

孔をそのままにすると、中のボルトがサビたり、内部に水が浸入しやすくなります。そこで、無収縮モルタルなどを円筒形の孔の中に充填します（③）。

こうしてでき上がったのが、コンクリート打ち放し面によく見られる丸いマークです。

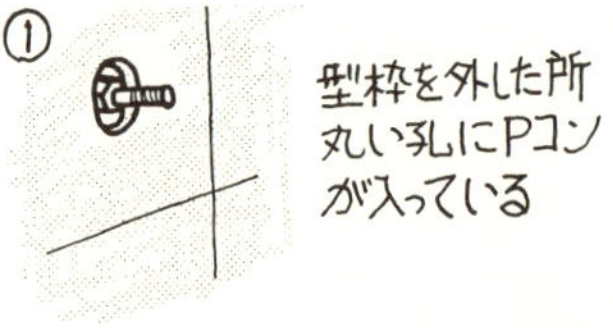
①
型枠を外した所
丸い孔にPコン
が入っている

②
Pコンを取り外した
所
中にボルトが見える
ポコ

③
モル
ル
ジュル
モルタルなどで
孔を埋める

Q Pコンのネジ形状はどうなっている？

▼

A コンクリート側がメスのネジ、反対側がオスのネジになっています。

コンクリート内部に埋め込まれるスペーサーという金具を留めるために、コンクリート側はメスネジの形状をしています。
型枠を外してPコンをとると、内部に埋め込まれたスペーサーのネジが姿を現します。そのままにしておくとサビてしまうので、モルタルなどでPコンの孔をふさぐことになります。それが打ち放しコンクリート特有の丸いマークとなります。
メスのネジの反対側には、オスのネジが付いています。フォームタイという金具をねじ込むためのネジです。Pコンとフォームタイで合板を挟んで、動かないようにし、さらに、フォームタイの先の金物で鉄パイプなどに留めます。
このようにPコンには、メスとオスのネジが両側に付けられています。単純な器具のわりには、いろいろと工夫されています。

★ R135　器具　その3

Q セパレーターは何に使う？

▼

A 合板どうしの間隔を保つために使います。

セパレート（separate）は離すという意味です。セパレーター（separater）とは離すための器具で、合板どうしを離して、近づかないようにする器具のことです。

まずセパレーターで、壁厚などを設定します。セパレーター端部はネジになっているので、微調整ができます（①）。これで合板の間隔を設定します。生コンを合板の中に打つわけですから、しっかりと間隔を保持する必要があります。

セパレーターで間隔を決めたら、両側にPコンをねじ込みます（②）。セパレーターだけでは、コンクリートが固まった後に、コンクリート表面に金物が出てきてしまいます。Pコンのような後から取り出せる器具が、どうしても必要となります。

Pコンを留めたら、次はPコンのオスネジに、合板の孔を合わせて両側から合板を押し付けます（③）。これで、合板の間隔が保持されることになります。

これだけでは合板はPコンから抜けてしまうので、フォームタイを外側からねじ込んで、動かないようにします。

実際の現場では、片側の合板にセパレーターとPコンを、フォームタイを使って先に留めます。合板からセパレーターとPコンが張り出しているような形です。その後に鉄筋を組み、組み終わったら、もう一方の合板をフォームタイで留めます。下図は、合板の支え方をわかりやすく示したものです。

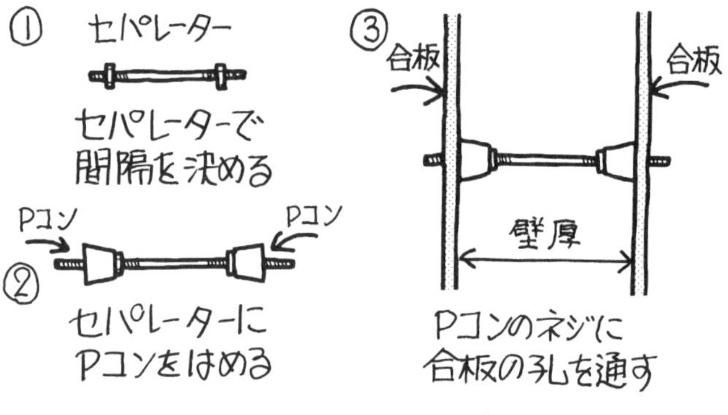

①
セパレーター
セパレーターで
間隔を決める
Pコン
Pコン
②
セパレーターに
Pコンをはめる
③
合板
合板
壁厚
Pコンのネジに
合板の孔を通す

★R136　器具　その4

Q フォームタイは何に使う？

A セパレーターとPコンを外側から締め付けて、型枠をしっかりと固定するために使います。

フォームタイとは、型枠（form）を締める（tie）道具です。
型枠とは、広義には金物や支柱すべてを含んだ生コンを流し込むための枠ですが、フォームタイでのフォーム＝型枠は、狭い方の意味で、合板と角材でできた枠そのもののことです。その枠を締め付けて固めるための金具を、フォームタイといいます。
セパレーターとPコンは合板の内側に設置し、合板の外側からフォームタイで締め付けて留めます。その際、鉄パイプ2本を間に挟んで補強するのが一般的です。鉄パイプは2本ずつペアにして横に入れ、フォームタイの金具を引っかけて、ボルトで締めます。
鉄パイプは**単管**、または**単管パイプ**と呼ばれ、正確には鋼でできています。表面は亜鉛めっきされており、型枠の補強や足場などの仮設に使われます。合板だけでは弱いので、角材で補強しますが、その角材は縦に入れるのが一般的です。型枠を補強する角材は**バタ**、または**バタ角**と呼ばれます。
これにより、合板、角材、鉄パイプが一体化されて、生コンの重さで外側に型枠がはらむのを防ぎます。生コンは水の2倍強の重さがあるので、このように補強する必要があるのです。セパレーター＋Pコン＋フォームタイで、1セットの金具です。

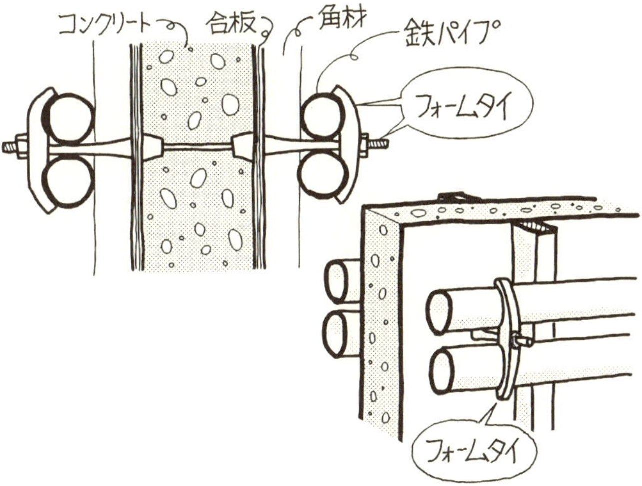

Q セパレーターなどの金具は、どのくらいのピッチで入れる？

▼

A 60cm以下で入れます。

部位や厚みにもよりますが、壁に関しては下図のように、横45cm、縦45cm間隔で入れるのが一般的です。45cm角となって、見た目もきれいです。あまり金具の間隔をあけると、合板が生コンの重さに耐えきれずに壊れてしまいます。60cm角で入れることもあります。正確には、構造計算が必要です。

合板の大きさは90cm × 180cmです。3尺×6尺なので、**サブロク板**とも呼ばれます。下図のように45cm、22.5cmで割り付けると、きれいに納まります。この方法でいくと合板1枚に、8個のPコンの跡ができることになります。

なお、各部の寸法、コーナーや柱、梁、打ち継ぎ目地などで、合板の大きさが変形バージョンになることが多々あります。

打ち放しコンクリートでつくる場合、Pコンの位置がそろっている方がきれいなので、設計段階で、Pコンの位置を検討します。普通の仕上げをするRCでは、現場で合板やPコンの割付けを決めます。

Q コンクリートの中に電線を通すには？

▼

A チューブを埋設しておき、後から電線を通します。

電線をコンクリートの中にそのまま埋め込もうとすると、砂利などでこすれて電線が傷んでしまいます。また、配線のやり直しがまったくできません。
通常はCD管と呼ばれる簡単に曲がる樹脂製のチューブを、事前に埋め込んでおき、コンクリートの仕上がり後、電線をその中に通します。
CD管のCDはCombined Ductの略で、「複合された管」のことです。合成樹脂製埋設可とう電線管ともいいます。「可とう」とは、簡単に変形する、曲がるという意味です。
コンセントやスイッチの位置では、アウトレットボックス（外に出す箱）が使われます。天井では、下図のように斜めに電線を出やすくしたエンドカバーが使われます。
CD管の中に電線を通すには、被覆された鉄線（タキロン線など）をまず通し、それに電線を結んで導きます。短い距離なら、電線だけでも通ります。また、タコ糸の先にティッシュを結び、反対側から掃除機で吸うということも行われています。
ちなみに電線より先に、電線を導くためにチューブに入れる線を、**呼び線**といいます。電線を呼び込む線という意味です。
コンクリート打ち放しでは、天井の照明も埋め込みの電線で対応しなければなりません。電線を回す天井裏がないからです。コンクリートを打つ前に、設備配管を慎重に検討する必要があります。

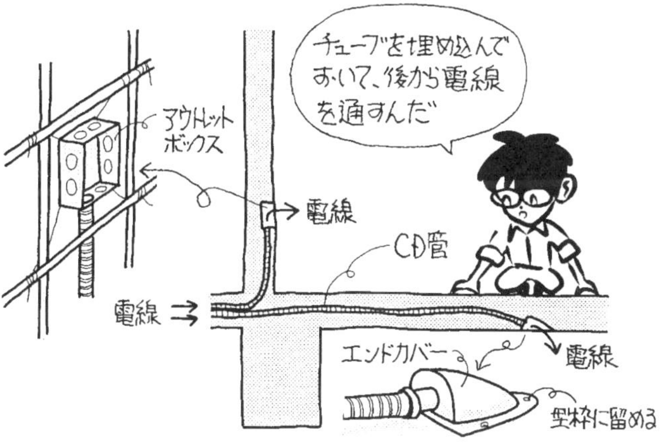

Q 電線管には大きく分けてCD管とPF管があるが、どう違う？

▼

A CD管はコンクリート埋め込み専用です。一方、PF管は燃えにくいので、露出することも可能です。

PF管のPFはPlastic Flexible Conduitの略で、直訳すると「樹脂製の柔軟な管」となります。PF管は燃えにくいので、コンクリートに埋め込まなくても使えます。壁に露出して取り付けたり、天井裏に回したりできます。

CD管→燃えやすい→コンクリート埋め込み専用
PF管→燃えにくい→コンクリート埋め込みも露出も可能

両者ともチューブの表面にデコボコがあり、つぶれにくいように工夫されています。
CD管をコンクリート表面に近い所に埋め込むと、コンクリートにクラックができやすくなるので、鉄筋の内側のなるべく深い位置に埋め込むようにします。
また、CD管は埋め込み専用で露出は禁じられているので、目立つオレンジ色とされています。露出配管するミスも防げるからです。

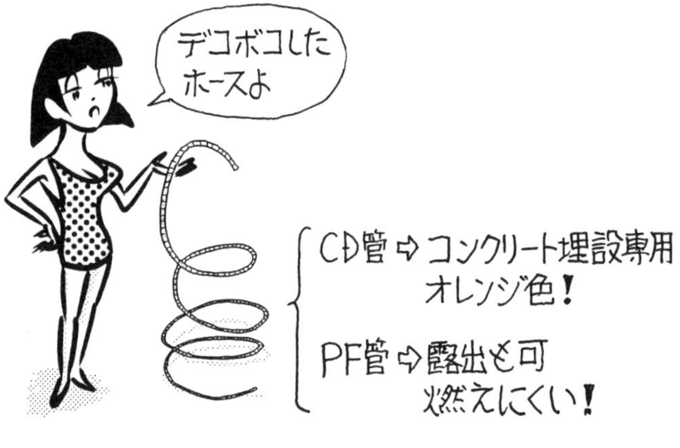
デコボコした
ホースよ
CD管 ⇨ コンクリート埋設専用
オレンジ色！
PF管 ⇨ 露出も可
燃えにくい！

Q 床にコンクリートを打つとき、どうやって平らにならす？

▼

A トンボというT字型のコテや金ゴテで、平らにならします。

トンボとは、T字型をした大きな木製のコテです（金属製もあります）。グラウンドを整備する道具もトンボといいますが、それとほとんど同じ形です。

ドロドロと注がれた生コンは、トンボを使って平らにならしていきます。細かい所やよりきれいに水平にしたい所などは、金ゴテを使ってならします。

コンクリートスラブの上に、モルタルを載せないで、直接ビニールの薄いシートを張って仕上げとする場合もあります。通常は3cm程度モルタル（セメント+砂）を塗ってきれいに平らにしますが、コンクリートを打ち込んだだけで、直接仕上げを張ることもあります。**一発仕上げ**ともいいます。コンクリート表面にデコボコがあると、直接仕上げを張ることができなくなるので、トンボでならした後に、金ゴテを使ってきれいにならすことになります。

なお、建築では「トンボ」は、さまざまな意味で使われています。石工や左官の道具、図面の表記などにもあり、いずれもトンボのような形から来ています。

Q RCで木造のような勾配屋根はできる？

▼

A できます。

木造と同じように勾配屋根にできます。その場合は木造と同じように、屋根材を張り、軒先には樋を付けなければなりません。樋にうまく雨水が流れるように、軒先の細部（ディテール）を工夫するのも、木造と同じです。
下図のように屋根スラブを大きく傾けるので、梁の高さも大きく変わります。型枠工事、鉄筋工事、コンクリート工事は、陸屋根と比べて多少難しくなります。
雨水の流れは陸屋根と比べて速くなり、外壁の外側の樋で雨水を処理することになります。パラペットで外壁の内側に水を集める陸屋根に比べ、雨漏りの心配は少なくなります。雨の多い日本では、勾配屋根にするのも一法です。屋上がつくれないというデメリットはありますが、雨仕舞いがよいというメリットは大きいといえます。
寒冷地では、フラットな陸屋根の上に、木造の屋根を架ける方法もとられます。置き屋根と呼ばれる方法です。屋根に雪が積もると、RCでは熱が逃げて室内が冷えやすくなります。木造の屋根にすると、熱は逃げにくく、さらに雪も落ちやすいというメリットがあります。
置き屋根は、既存の陸屋根の建物でどうしても雨漏りが止められない場合に、つくられることがあります。屋根を架けて屋根材を張れば、雨漏りの心配はなくなります。大きな建物では、鉄骨で組むこともあります。

Q 大きな勾配のある床スラブ（屋根スラブ）に生コンを流すには？

▼

A スラブ厚の高さに型枠をつくり、ところどころに穴をあけて、そこから生コンを流します。

スラブに大きな勾配がある場合、平らなスラブを打つときのように簡単にはいきません。生コンが下方に流れ、そこに溜まって厚みが一定ではなくなってしまうからです。
それを防ぐには、蓋をするしかありません。同じ厚みにコンクリートが流れるように、スラブ厚分の高さに蓋をつくります。蓋には穴をあけておき、そこから生コンを流し込みます。生コンは下から埋まっていき、固まった段階で型枠を外すと、きれいな勾配スラブが現れるという具合です。
勾配が長いと、下の方までコンクリートが流れないおそれもあります。このような場合は、勾配のあちこちに穴をあけておき、下の穴から順々に生コンを打っていきます。上の穴から入れた生コンが、下の穴からはみ出した場合は、固まってしまうと大変なので、すぐに取り除きます。
階段を打つときも、同様の方法で行います。階段の形に型枠をつくり、蓋をして、上から生コンを流します。
このように、コンクリートスラブで勾配屋根をつくる場合、水平スラブほど簡単にはいかず、現場管理も複雑になります。

Q 平らな屋根のことを何という？

▼

A 陸屋根といいます。

陸屋根は、通常は「ろくやね」と読みますが、「りくやね」ということもあります。建築で陸（ろく、りく）は、水平という意味で使われます。「不陸」とは水平ではないことです。
RC造やS造の建物では、陸屋根が一般的です。勾配屋根よりも、簡単につくれ、屋上としても使えるからです。
陸屋根の屋根面には、1/100程度の勾配が付けられます。1/100の勾配とは、100行って1下がる勾配です。100cmで1cm下がり、1000cm（10m）では10cm下がります。
「ろくでなし」とは「陸でなし」で、「水平ではない」が元の意味です。そこから役に立たないことをいうようになったわけです。水平もまともにつくれない腕の悪い大工との意で、大工仲間での蔑称に使われたという説もあります。

陸屋根
Flat

RC造、S造では
フラットな
陸屋根が多いよ

Q 陸屋根の勾配（1/50～1/100）はどうやってつくる？

▼

A RC躯体（屋根スラブ）で勾配をつくる方法がもっともよいとされています。

屋根スラブを傾斜させるには、屋根を支える梁の高さも変えなければなりません。スラブをつくる型枠、配筋も斜めにつくります。これは大変なので、平らなRC屋根スラブの上に、後からモルタル（セメント＋砂）を重ねて傾斜をつくることも行われます。ただし、モルタルで勾配をつくる場合は、小さな屋根やベランダなどに限られます。
傾けられたRC屋根スラブの上に防水層を敷き、絶縁クロスを貼って、その上に10cm厚程度の軽量コンクリートを打ちます。
傾斜1/100とは、100cm行って1cm下がる勾配です。1000cm（10m）ならば10cm下がります。

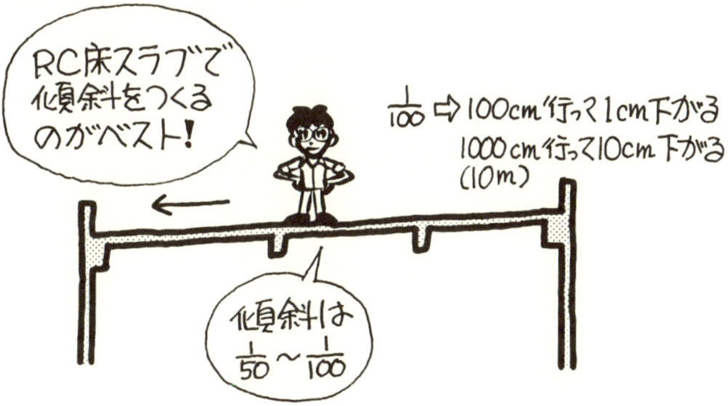

Q RCで階段をつくるには？

▼

A 斜めのスラブをつくり、スラブ上面に段々を付けます。

下図のように、階段を斜めのスラブと考えるとわかりやすいでしょう。梁から梁へスラブを斜めに架け、スラブの上面を段々の形として、階段とします。

階段のスラブを支えるのは梁ですが、直線階段で小さくて軽い階段は、壁から持ち出しスラブでもつくれます。持ち出しの階段の方が、梁がなくて納まりが美しく見えます。

階段スラブの中の鉄筋は、複雑な形をしています。斜めで通しで入れる鉄筋のほかに、階段の形状と同じようなジグザグの形をした鉄筋も入れます。もちろん、それらと直交する方向にも鉄筋を入れます。

勾配のあるスラブを打つときは、蓋をしておかないと、前述のように生コンが噴出してしまいます。ただし階段の上から打つと、途中で生コンが詰まって流れなくなるおそれがあるので、階段のところどころに穴をあけ、下の穴から順々に打っていきます。

コンクリート面をモルタルできれいにして、段の鼻先（段鼻）にノンスリップタイル（溝の彫られた滑りにくいタイル）やノンスリップ金物を付けるのが一番簡単な仕上げです。踏み板の部分にのみクッション製のある塩ビシートを張る、タイルを貼る、石を貼るなどの仕上げもあります。

RC造の建物に鉄骨の階段を付ける場合もあります。

★ R146

Q 柱や壁の角を直角のままにせずに、45度斜めに切ったり、丸みを帯びた形にする理由は？

▼

A 角が直角だと、生コンがうまく回らずにデコボコが残ったり（ジャンカといいます）、何かがぶつかったときに欠けたり、人が当たったときにけがをしやすいからです。

角を45度に切ることを、**面取り**といいます。面をとるともいいます。面取りは、木造の柱に用いられる技法で、面のとり方によって様式が異なるほど重要なことです。

面取りは45度が普通ですが、円弧状に取る場合もあります。丸面とかR加工と呼ばれることもあります。R（アール）とは半径（radius）から来ていますが、建築ではよく使われる言葉です。円弧状の形にする際、Rをとるなどと表現します。

直角は**ピン角**ともいわれます。ピン角には生コンが回りにくく、砂利が表面に出たあばた状（ジャンカ）になることがあります。その場合は、後からモルタルで補修しますが、打ち放しの場合はきれいに仕上げるのが大変です。

建築家はデザインがシャープなピン角を好む傾向にありますが、用途や場所を考えて採用するべきでしょう。

Q 1　面をつくるために型枠に取り付ける棒を何という？
2　目地をつくるために型枠に取り付ける棒を何という？

▼

A 1　面木といいます。
2　目地棒といいます。

型枠のコーナー部分に面木を取り付けて、生コンを打ち込みます。生コンが固まってから型枠を外すと、面ができているという仕組みです。面木は、文字どおり木でつくられることもありますが、合成樹脂製の既製品も販売されています。
目地も同様に、目地棒を型枠に入れておくことでつくれます。打ち継ぎ目地の場合は、スラブの端に目地棒を入れておきます。目地棒も木製と、合成樹脂製の既製品があります。

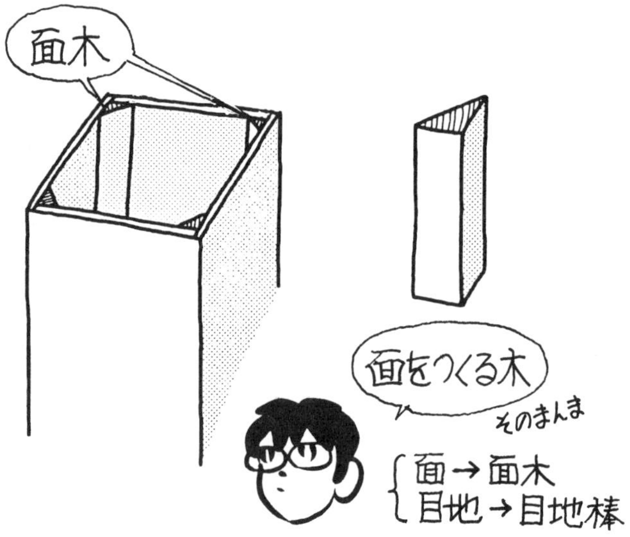

Q コールドジョイントとは？

▼

A 先に打ったコンクリートの硬化が進んだ後に、後からコンクリートを打った際にできる、完全に一体とならない継ぎ目のことです。

壁にすじ状の模様が入るので、目でも確認できます。構造的に問題となる、水がしみ込みやすくなるような深刻なものから、少し後に打ったのでほぼ一体となったものまでいろいろなコールドジョイント（cold joint）があります。
部屋の壁を打つ際、1カ所の壁を一気に下から上まで打つのではなく、部屋をグルグルと回りながら徐々に下から上げていくことがあります。その際、あまり時間を置くと、前に打ったコンクリートが固まってしまって、後から打つコンクリートとの間にコールドジョイントが発生してしまいます。
それでは一気に下から上まで打ってしまえばいいかというと、型枠にかかる重量（側圧）が大きくなり、型枠が変形しやすいなどの欠点もあります。通常は回しながら打つ、回し打ちが採用されます。
コールドジョイントを防ぐには、バイブレーターを入れたり竿で突いたり、型枠を木づちで叩いたりします。筆者も学生のときに、型枠を木づちで叩く仕事にかり出されたりしました。
1999年の山陽新幹線のトンネル事故では、コールドジョイントの部分に列車の振動や風圧が加わり、落下したものとされています。コンクリートの砂の品質もよくなく、複合的な要因による事故とされています。

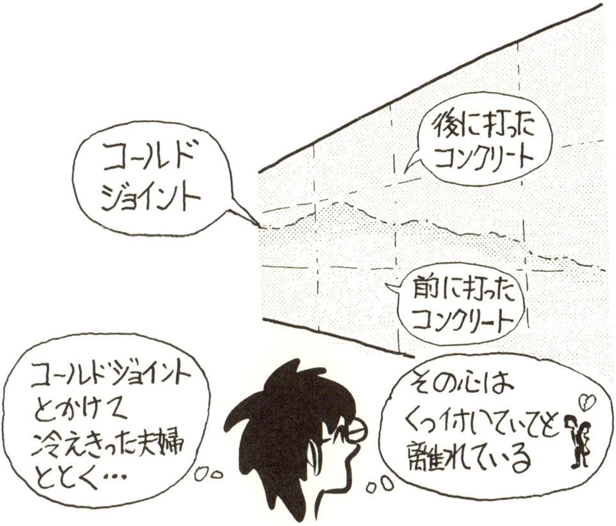

★ R149 コンクリートの欠陥　その2

Q ジャンカとは？

A コンクリート表面に砂利が出て、あばた状になることです。

「ジャンカ」は「**豆板**」「**あばた**」「**す**」とも呼ばれます。ちょうど、雷おこしのような表面です。
コンクリートが一体とならず、セメントペースト（セメント＋水）と砂利が分離して、表面に砂利が出てきてしまった状態です。生コン打設時に締め固めが十分でない場合、型枠形状が複雑で生コンの回りがよくない場合、型枠の隙間からセメントペーストが漏れて砂利や砂だけが残された場合などに起こります。
小さなジャンカの場合は、モルタルで補修します。大きくて深いジャンカは構造的な欠陥となるので、ジャンカ全体をはつり取り、後から無収縮モルタルを詰めることもあります。無収縮モルタルとは、モルタルに薬剤を入れて、乾燥時の収縮を防いだ製品です。
ジャンカを防止するためには、モルタルと砂利を分離しにくくする、開口部まわりでは十分に締め固めをする、型枠からの漏れを防ぐなどの対策が必要です。

★ R150 コンクリートの欠陥　その3

Q エフロレッセンスとは？

▼

A コンクリートや石の表面に、白い結晶ができることです。

コンクリート内部の酸化カルシウム（CaO）が、水と反応して水酸化カルシウム（$Ca(OH)_2$）、炭酸カルシウム（$CaCO_3$）などとなって、白い粉状になって出てくることをいいます。カルシウムの化合物を主とする白い粉で、表面が白く汚れて見えます。

エフロレッセンス（efflorescence）は、「**白華**」「**遊離石灰**」などと呼ばれることもあります。エフロレッセンスは、開花、結晶などを原義とします。白華は、白い花から来ていますが、実際のエフロレッセンスはそんなにきれいなものではありません。

石灰とは広い意味ではカルシウムやカルシウムの化合物、狭い意味では酸化カルシウム（生石灰）、水酸化カルシウム（消石灰）などを指します。ここで遊離石灰とは、カルシウム、またはカルシウムの化合物といった意味です。実際のエフロレッセンスには、カルシウムの化合物以外の物質も含まれていますが、大ざっぱに遊離石灰といっています。

エフロレッセンスは、構造的には問題がない場合が多いのですが、美観上はかなり問題となります。ブラシを使った水洗いで落とすことができます。さらに、白華防止剤を塗布することもあります。また水が入らないように、表面を塗装することも効果があります。

コールドジョイントやクラックなどの水道（みずみち）からコンクリート中の成分が水とともに溶け出し、表面で水が蒸発して結晶する場合もあります。この場合は、クラックをふさぐなどの補修が必要となります。

★ R151　コンクリートの欠陥　その４

Q レイタンスとは？

▼

A 生コンが固まるときに浮き上がってくる不純物のことです。

レイタンス（laitance）は、灰白色のブツブツの薄い層です。鍋料理のあくにたとえられます。
生コンが固まるとき、部分的に水が浮かび上がります。水が生コン中から浮き上がるのは**ブリージング**と呼ばれる現象です。その水とともに微細な不純物も浮き上がって、表面にあくのように出てきます。
この不純物は石灰の粉などで、エフロレッセンスと同じ原理で析出します。エフロレッセンスが生コンが固まった後に徐々に析出するのに対して、レイタンスは生コン打ちのときに析出します。

レイタンス→生コンが固まるときに析出
エフロレッセンス→固まったコンクリートから徐々に析出

レイタンスがコンクリート表面にあると、その上にコンクリートを打ち継ぐとき、コンクリートが一体とならない危険性があります。レイタンスの層が一体化をじゃまするわけです。コンクリート打ち継ぎ面のレイタンスは、ワイヤーブラシ、サンダー、高圧洗浄などで取り除いておく必要があります。
コンクリート面を塗装する場合も、レイタンスを除去します。レイタンスを除去しないで塗装すると、塗膜がはがれてしまいます。

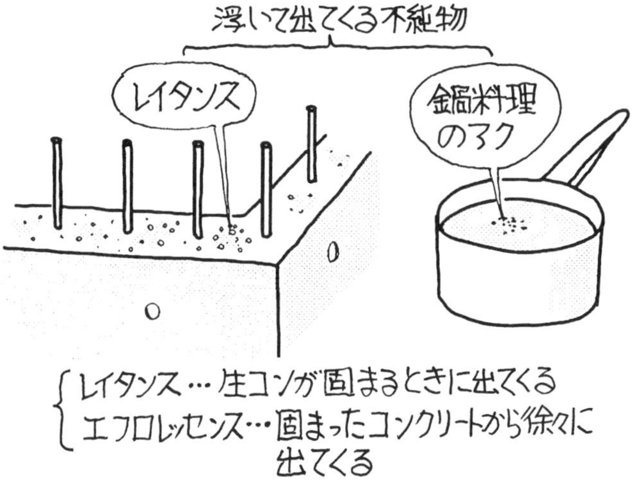
浮いて出てくる不純物
レイタンス
鍋料理のアク
レイタンス…生コンが固まるときに出てくる
エフロレッセンス…固まったコンクリートから徐々に出てくる

★ R152　アンカー　その1

Q アンカーとは？

▼

A 船のアンカー（anchor、錨）のように、あるものを別のあるものにしっかりと留めることです。

アンカーボルトとは、しっかり留める、固定するためのボルトのことです。木造の土台をコンクリートの基礎に留めるとき、アンカーボルトを使います。アンカーボルトは、基礎のコンクリートを打ち込む前に型枠に入れておき、コンクリートと一体化させます。そのアンカーボルトを土台の孔に通し、ナットで上から締め付ければ、土台は基礎にアンカーされます。
鉄骨の柱を基礎に留める場合も、アンカーボルトを使います。もっと大きいスケールでは、建物全体を、崖から落ちないように崖の反対側の地盤にアンカーすることもあります。
アンカーは建築ではよく使われる用語なので、ここで覚えておきましょう！

Q ケミカルアンカーとは？

▼

A 鉄筋やボルトを後からコンクリートに埋め込む（アンカーする）のに、化学的作用を使って接着するアンカーのことです。

ケミカルアンカー（chemical anchor）は、直訳すると「化学的な錨」となります。コンクリートに孔をあけて鉄筋を挿入しただけでは、すぐに抜けてしまいます。そこで硬化したコンクリートと鉄筋が一体化するように、接着剤を孔に入れるわけです。
ケミカルアンカーは、各種製品が開発されています。普通はカプセルに薬剤が入っていて、ボルトや鉄筋で押してカプセルを壊し、かき回して薬品を化学反応させて硬化させます。
工事手順は下図のように、まずドリルで孔をあけて、中を掃除します。そして薬品を入れ、鉄筋で突いて、かき混ぜます。その後、一定時間放置すれば固まって、コンクリートと一体化します。
耐震補強で後からコンクリートを増し打ちする場合や既存のRCに増築する場合、アンカーボルトを設置して新しく鉄骨の構造を増設する場合など、多くのケースにケミカルアンカーは登場します。

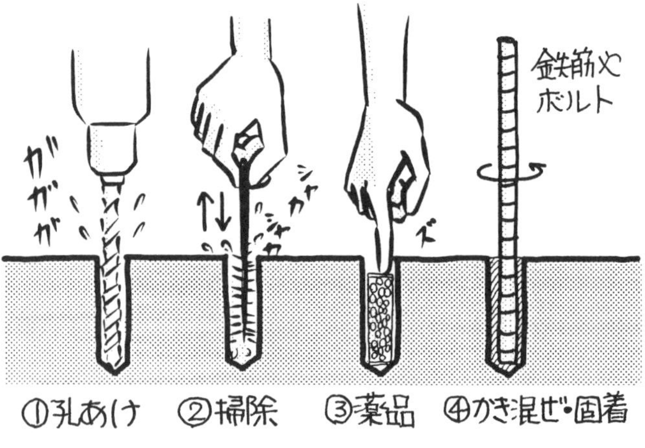

Q ホールインアンカーとは？

▼

A 頭を叩くなどして中を広げて、コンクリートから抜けなくするアンカー部品のことです。

ホールインアンカー（hole in anchor）は直訳すると、「孔に入れる錨」です。下図のように、コンクリートに孔をあけて、中を掃除します。そしてホールインアンカーを差し込み、アンカーの頭を叩きます。すると中が開いて、コンクリートから抜けなくなります。コンクリートにアンカーされたわけです。頭のネジ部分はナットの締め付けも可能で、簡単な金物などを取り付けるには便利です。ただし、引き抜きに対する力は弱く、差し筋やアンカーボルトなどの構造には使えません。

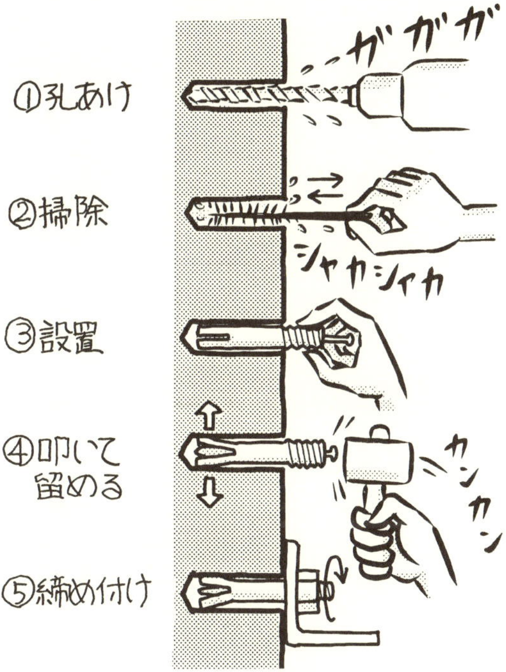

★ R155 アンカー　その４

Q コンクリートプラグとは？

▼

A ネジを入れて中を広げ、コンクリートから抜けなくするアンカー部品のことです。

プラグ（plug）とは、栓、詰めもの、（電気の）差し込みなどの意味があります。小さな部品で、何かの中に入れる、詰めるものです。
コンクリートプラグは、樹脂製や金属製の円筒状の部品で、中央に孔があいています。その孔にネジを入れてねじ込むと、まわりが開いて、コンクリートにアンカーされる仕組みです。ネジの種類とネジ径によって、さまざまなコンクリートプラグが市販されています。
コンクリートに板を留める、フックを留める、手すりを留めるなどの、軽いものを留めるときに使います。アンカーボルトのような構造には、もちろん使えません。プラグアンカーは、ホールインアンカーと混同して使われることもあります。
アンカーは構造強度の点から、次のようにまとめることができます。

ケミカルアンカー＞ホールインアンカー＞コンクリートプラグ

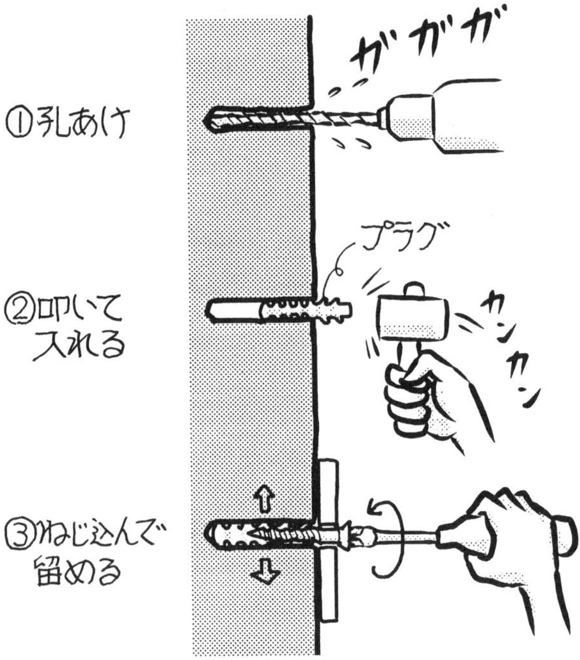

Q コンクリート釘とは？

▼

A コンクリートに直接打ち込める釘で、内装工事などに使われます。

内装工事をする場合、木の角材をコンクリート躯体に留めることはよく行われます。たとえば床を張る場合、いったん床に角材を置いて、その上に板を敷いて床材を張ります。その方が床が軟らかくなるからです。そうした場合、コンクリート釘を使うと便利です。
いちいちドリルで孔をあけてプラグを埋め込む必要はなく、直接釘をハンマーで叩いて打ち込みます。コンクリートの硬さに負けない強さに、コンクリート釘はつくられています。普通の木造用の釘では、簡単に曲がってしまいます。
このように、大きな耐力が不要な内装材を留める際に、コンクリート釘は使われています。

コンクリートに直接打てる釘もあるんだ
カッ

Q サッシアンカーとは？

▼

A コンクリート側に埋め込まれた、サッシ取り付け用の鉄筋などのことです。

アルミサッシをコンクリートに取り付けるには、木造のように木ネジで柱や間柱に取り付けるわけにはいきません。コンクリートにあらかじめ鉄筋などを埋め込んで、それに溶接して取り付けます。
下図で①がサッシアンカーとなる鉄筋で、9mm 鉄筋（9 φ）などを使います。そして、②の鋼製プレートに溶接します。サッシと躯体との間隔は、溶接棒が入る程度にあけておきます。
鋼製プレートはサッシのレールをスライドするようになっていて、サッシアンカーの位置まで動かせる仕組みです。ぴったりの位置をあらかじめ決めるのが難しいため、スライド可能としているのです。
②の鋼製プレートのことを、サッシアンカーということもあります。また、サッシアンカーとなる鉄筋は、より簡単に型枠に取り付けられる既製品もあります。
サッシが固定されたら、サッシと躯体の隙間には、モルタル（防水剤の入れられた防水モルタル）を充填します。サッシと躯体の間の、外側の雨が浸入する部分には、シーリング材を打ちます。このシーリング材は、シリコン系シーリング材とします。そして、両者が動くので、バックアップ材を入れて2面接着とします。

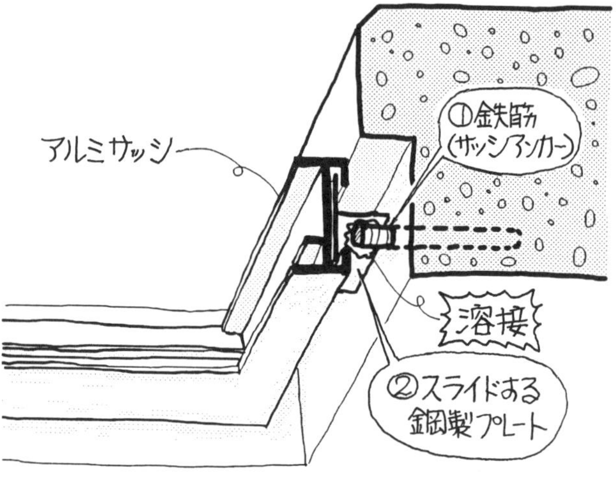

★ R158　インサート　その1

Q インサート金物とは？

▼

A コンクリートの中に事前に埋め込んでおく、メスのネジのことです。

ケミカルアンカー、ホールインアンカーなどは、後付けでコンクリートに埋め込むものです。インサート金物は、型枠の段階で入れておき、生コンを打って固めて、コンクリートの中に埋め込んでしまう金物です。インサート（insert）とは挿入する、入れるといった意味です。インサート金物はメスのネジで、これに外からオスのネジを入れる（インサートする）ということで付けられた名称です。

インサート金物には、鋼の鋳物など、さまざまな製品があります。その場合、図面には鋳物インサートなどと書きます。鋳物とは、金属などを溶かして型（鋳型）に入れてつくるものです。

天井を張る場合、まず天井の下地となる鋼製のレールを吊ることになります。吊るための9mm径程度のボルト（オスのネジ）を、RC床スラブに固定する必要があり、それを**吊りボルト**といいます。

吊りボルトの位置に、事前にインサート金物を埋め込んでおくわけです。縦横90cm間隔程度に埋め込まれたインサート金物に吊りボルトをねじ込み、それに天井下地を取り付けます。

インサート金物は、このようにRC床スラブ下に取り付けられることが多い金物です。

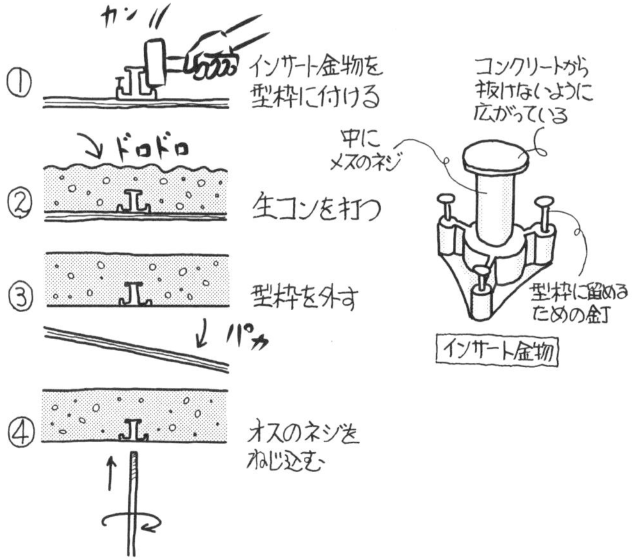

★ R159　インサート　その2

Q 箱型インサート金物とは？

▼

A コンクリートの中に事前に埋め込んでおくインサート金物の一種で、木製の吊り木を留めるのに使います。

インサートするのはボルトではなく、板状の金物です。その金物にあいた孔から釘やネジを打って、吊り木を留めます。
天井の下地（野縁）を木製にする場合、この箱型インサート金物を使います。ボルトで木製の野縁を吊ることもできますが、木製の吊り木を使うのが一般的です。
箱状の部分は、板を差し込む（インサートする）部分です。ある程度の深さがないと板を支えられないので、箱状の形となります。
箱型インサート金物は、やはり縦横90cm間隔程度で入れます。吊り木も90cm間隔で取り付けられるので、木造の野縁と同じような構造で天井を吊ることができます。

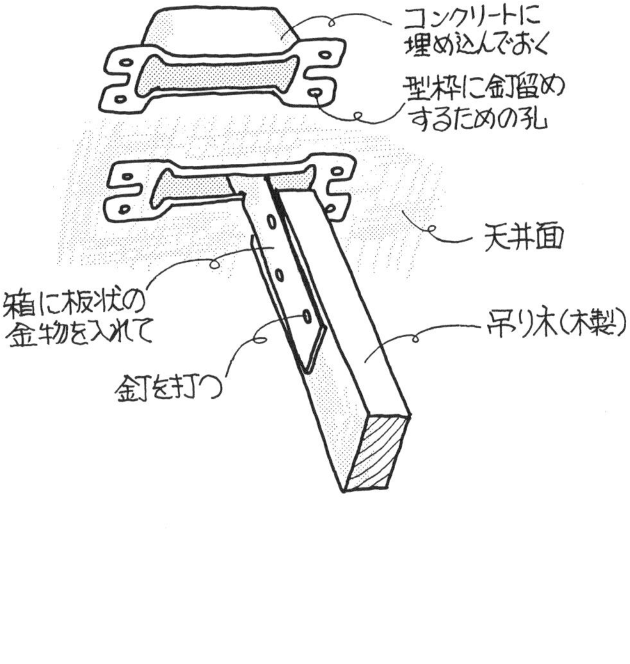

★ R160 屋上処理　その1

Q 外壁の頂上部分、陸屋根から上に突き出た部分を何という？

▼

A パラペットといいます。

陸屋根に積もった埃が雨で流れ、外壁を伝わって落ちると、外壁はすぐに真っ黒になってしまいます。汚ればかりでなく、雨が伝うと壁は傷みやすくなります。
そこで、お皿のように外壁の頂上部分を屋根より少し高くして、水が外壁に流れ出ないようにします。それがパラペット（parapet）です。パラペット上部、パラペットの厚みの出ている部分も、平らにすると外側に水が流れる可能性があるので、建物の内側に向けて傾斜させます（内勾配）。
陸屋根は全面を防水しますが、その防水層はパラペット部分で立ち上がることになります。この防水立ち上がり部は、非常に重要な部分で、いい加減につくると雨漏りや早期劣化の原因となります。

Q 陸屋根の防水方法は？

▼

A アスファルト防水、シート防水、ウレタン塗膜防水などがあります。

アスファルトは**R044**でお話ししたように、原油からガソリン、灯油、軽油、重油などを採った残りかすです。油なので水をはじく性質があり、防水によく使われます。

アスファルト防水は、アスファルトのシートを張って、さらに熱で溶かしたアスファルトを塗り、その上にアスファルトのシートを張ってという工程を何度か繰り返して、防水層をつくります。

屋上を歩行する場合は、アスファルト防水層の上に、軽量コンクリートを打って保護層とすることもあります。軽量コンクリートとは、骨材に軽石を使った軽いコンクリートです。

シート防水は、合成樹脂でできたシートを、接着剤で屋根スラブに貼っていく方法です。シートや接着剤の性能が上がり、アスファルト防水と並んで広く使われるようになっています。

ウレタン塗膜防水は、ウレタンでできた塗料を塗ることで、防水層をつくります。下地を貼って、その上にウレタンを塗り、さらにトップコートと呼ばれる塗料で上部（トップ）をコーティングします。

そのほかステンレス防水、FRP防水など、さまざまな防水方法があります。

パラペットでは防水層が立ち上がるので、そこから雨が漏れやすくなります。パラペットはお皿の縁の部分に当たります。屋根面の雨水は、すべて縁にいったん集められるので、縁に不具合があると、すぐに雨が漏ってきます。防水工事ではもっとも神経を使う場所です。

アスファルト防水
シート防水、ウレタン塗膜防水
なんかがあるよ
防水層の立ち上がり
部分が重要！

★ R162　屋上処理　その3

Q 雨水を集めて雨樋に流す所に設ける排水口やその金物を何という？

A ドレイン、ルーフドレインといいます。

ドレイン（**drain**）は、陸屋根の穴のあいている所です。その箇所は、防水層がドレインに巻き込まれるように納められ、雨水が漏らないように配慮されています。

陸屋根上部に積もった埃やゴミも、ドレインに集まってきます。雨樋がゴミで詰まらないように、ドレインは網状の金物でキャップされているのが普通です。

ドレインの金物には、下にまっすぐ水を落とすタイプ、横に水を出すタイプなどがあり、雨樋の位置によって、ドレインの金物を選ぶ必要があります。

[スーパー記憶術]

rain《レイン》の水を出《ド》す所

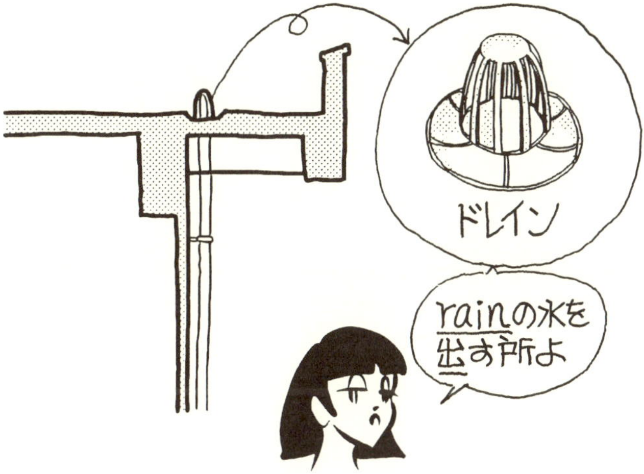

Q パラペット頂部をアゴのような形にするのは？

▼

A 防水層の立ち上がり部分に水が浸入するのを防ぐためです。

防水層の立ち上がり部は、さまざまな方法で押さえます。アスファルト防水では、防水層が立ち上がる部分にレンガを載せて押さえ、浮き上がらないようにすることがあります。その場合、押さえに使う部分と防水層の立ち上がり部に、一緒にパラペットのアゴをかぶせてしまいます。アゴをかぶせてしまうと、防水層とコンクリート躯体の間に水が浸入するのを防ぐことができます。また、押さえの部分も同時に保護できます。

アゴの下に細い溝をつくりますが、それは水が回らずにすぐに落ちるようにするためで、これを**水切り**といいます。顔を洗ったときにアゴから水が落ちますが、それはアゴがとがっていて水切りの役割を果たしているからです。

シート防水ではここまで大げさにアゴをつくることは、あまり行われません。シートを折り上げて、長い平板のステンレスかアルミの棒で押さえて、ビスで留める方法がよく用いられます。もちろん、アゴをつくった方が、雨仕舞いはより安心です。

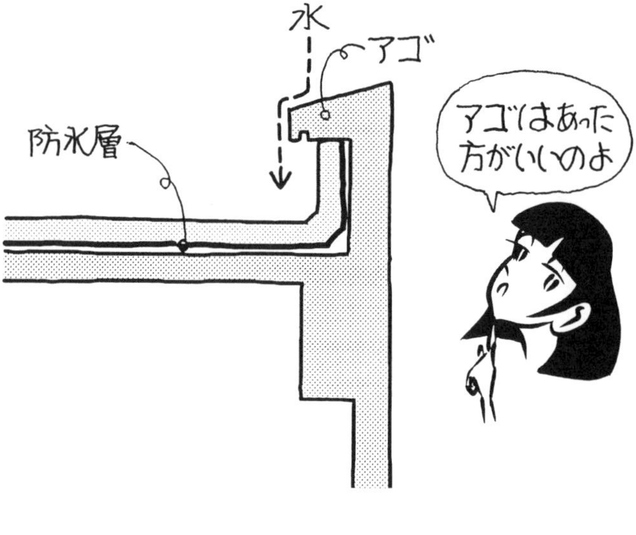

★ R164　屋上処理　その5

Q パラペット頂部はどのような仕上げをする？

▼

A ステンレス製笠木、アルミ製笠木、石貼り、タイル貼り、モルタル塗り、コンクリートの上に塗装、コンクリート打ち放しなどです。

パラペット頂部は防水層の立ち上がり部分を保護するだけでなく、外壁の頂上という意味もあります。水に強く、さらに意匠的によい仕上げが望まれます。
下図のように、金属の笠木をかぶせてしまう仕上げが、防水上、もっとも安心できます。笠木とは、ベランダや外階段の手すりや手すり壁（腰壁）、パラペット上部などに取り付ける横材のことです。木製でなくても、笠木と呼ぶ習慣です。
金属の場合は、ステンレスがもっとも耐久性、強度などがありますが、コストがかかります。アルミ製も可能です。少々見栄えと耐久性を犠牲にすれば、カラー鉄板でも笠木はつくれます。
石や、タイルを貼る仕上げもあります。その場合、石やタイルの目地にクラックができると、そこから雨水が浸入することもあります。
モルタルで2～3cmの厚みに笠木をつくる場合もありますが、モルタルはクラックが発生しやすいので、避けた方が無難です。
コンクリートの上に塗装するだけの仕上げもありますが、コンクリートにクラックができると塗膜も割れて、水が浸入することになります。塗膜に弾性がある塗料もありますが、それも万能ではありません。
コンクリート打ち放しは、よほどきれいに打つことができない限り、表面を補修することになり、そこから雨が入りやすくなるので、基本的には避けるべきでしょう。
ということで予算が許せば、パラペット頂部には、ステンレス製かアルミ製の笠木を取り付けるのがベストということになります。

Q 壁や窓の掃除や修理のためにロープを通す金物は、パラペットのどこに取り付ける？

▼

A アゴの先に取り付けます。

ロープを通す金物は、**吊り金物**とか**丸環**などと呼ばれます。
金物を防水層の立ち上がり部に付けると、金物の取り付け部分が防水層を貫通してしまいます。パラペット頂部は笠木を傷めるため、取り付け位置はパラペット側面の、アゴの先がベストとなります。
金物はコンクリートと一体になるように30cm程度内部に入れ、さらに抜けにくいように横方向に長さ60cm程度の鉄筋（またはステンレス筋）を2本ほど溶接しておきます。かんざしのように横に張り出した形なので、**かんざし筋**と呼ばれます。型枠の段階で金物を置いておき、コンクリートを打ち込んで固めます。
このような吊り金物を付けておくと、メンテナンスの際に、何かと便利です。金物のない屋上は、ロープを結ぶ所がなく、苦労することになります。

Q 屋上にある小さな建物で、エレベーターや階段だけが入っているものを何という？

▼

A 塔屋とかペントハウスといいます。

階段だけなら階段室、エレベーター機械室が入っているなら昇降機塔などとも呼びます。昇降機とはエレベーターのことです。
ペントハウスは、高層の屋上階にある高級な住居を指す場合もあります。
塔屋には屋上への出入り口もあるので、その部分の防水を考える必要があります。ドアの下が屋上の床と同じ高さだと、雨水が塔屋内に浸入してくるので、やはり防水層の立ち上がりが必要となります。
エレベーター機械室の場合は、エレベーターが最上階に止まったとき、その上にどれくらい余裕が必要かで、床スラブの位置を考えなければなりません。
塔屋の高さや階数は、建築面積の1/8以下ならカウントされないという特典もあります。法律的にも特別扱いされた部分です。

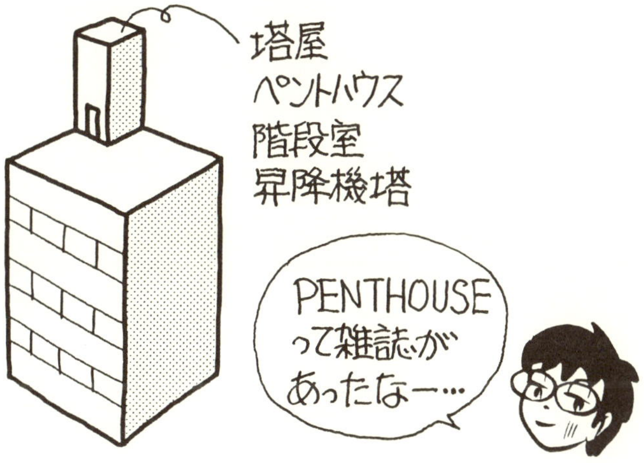

Q 塔屋の床レベルを屋上よりも高くするのは？

▼

A 雨水の浸入を防止するのに、防水層の立ち上がりを確保する必要があるからです。

塔屋と屋上の床レベル（高さ）が同じだと、防水層の立ち上がりがとれません。下図左のように、ドアを開けると同レベルで屋上と塔屋の床がつながる場合、ドアを開けなくても、雨水は浸入してきます。
そこで下図右のように、塔屋の床を50cm程度上げて、防水層の立ち上がり寸法をとります。これならばお皿の縁と同じように、雨は塔屋側に流れ込んできません。要するに、パラペットと同じことを、塔屋の壁でもする必要があるということです。
塔屋の床を上げた分、階段を1段か2段つくらなければなりません。その階段は防水層の上に置く形にします。

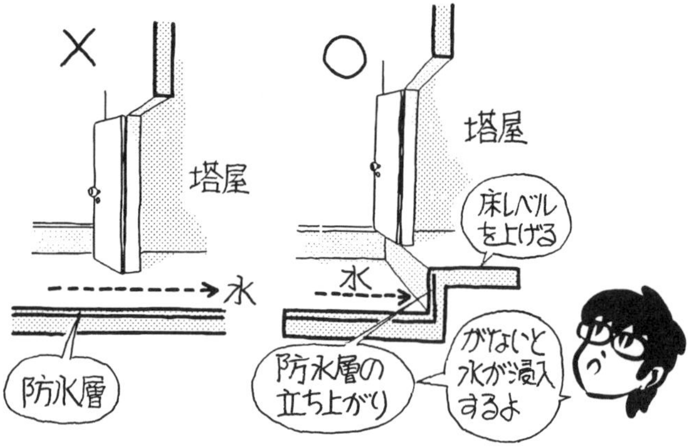

★ R168　屋上処理　その9

Q 屋上の防水層の立ち上がりを納めるのに、塔屋の屋上側の壁やドアの出入り口の下にアゴをつくる必要はある？

▼

A できたらアゴをつくり、防水層の立ち上がりを納めた方がベターです。

アゴをつくらず、簡易に防水層の立ち上がりを納める方法もあります。しかし、雨水の浸入を考えると、アゴで立ち上がり部分全体を覆ってしまうのが安全です。

塔屋の足元の壁の部分からアゴを出して、その下に立ち上がりを納めます。出入り口のドア下の部分は、アゴをつくると人の出入りが少し不便になりますが、アゴの上の部分にノンスリップのタイル（滑りにくいように溝の彫られたタイル）を埋め込むなどの工夫で解消できます。

塔屋は屋上よりも50cm程度床が上がっているので、下図のように段をひとつつくると出入りがしやすくなります。その段は防水層の上に押さえのコンクリートを打った後、つくるようにします。その段にもノンスリップタイルなどを付けます。

Q 防水層の上に軽量コンクリートを打つのは？

▼

A 防水層がまくれ上がらないように押さえること、足で踏まれたり、太陽光、風雨などで傷まないように保護することの2つの理由によります。

大型の屋根や屋上の防水では、防水層の上に軽量コンクリートを10cm程度打つことがよく行われます。上から押さえるように打つコンクリートですから、**押さえコンクリート**と呼ばれます。
台風などの強風でまくれ上がったり、防水層自体が波打ったり、内部の水蒸気の膨張によって持ち上がったりするのを、上から押さえる役目があります。また、人が歩く屋上などでは、歩行によって防水層が傷まないようにしたり、太陽光線や風雨による劣化を防ぐ役目もあります。大きくは、押さえるためと保護するための2点です。
軽量コンクリートは、普通の砂利の替わりに軽石や人工軽量骨材（石炭の燃えかすなどからつくる）を入れた軽いコンクリートです。普通のコンクリートに比べて、重さは約半分程度と軽いため、押さえコンクリートとしてよく使われます。通常、軽量コンクリート自体に構造的な強度をもたせることはできません。

★ R170　屋上処理　その11

Q 押さえコンクリートにクラックが入らないようにするには？

▼

A 溶接金物を入れ、伸縮目地をとります。

溶接金網とは、直径6mm（6 φ）程度の鉄筋を縦横10cm間隔（@100）程度に溶接したものです。記号では「6 φ @100」と書きます。鉄筋の網とともにコンクリートを打つと、鉄筋が縦横に引っ張る力を発揮して、クラックが入りにくくなります。
伸縮目地とは、コンクリートに3m程度ごとに3cm幅程度の目地を切り込んで、コンクリートがつながらないようにしたものです。コンクリートが太陽の熱などで膨張収縮を繰り返すと、クラックの原因となります。その「伸縮」の力を逃がす「目地」なので、伸縮目地と呼ばれます。
目地には、アスファルト製などの目地剤を充填します。目地は下の防水層まで到達させて、コンクリートどうしはつながらないようにします。防水層の上に押さえコンクリートを直接打つと、コンクリートが動いたときに防水層もつられて動き、防水層が破損するおそれがあります。そこで、絶縁クロスを1枚敷いて、その上に押さえコンクリートを打つようにします。

Q アスファルト防水断熱工法とは？

▼

A アスファルト防水層の上に断熱材を敷く工法です。

断熱材をRC屋根スラブの上に敷くと、RC屋根スラブが熱くなったり冷たくなったりしなくなります。すなわち膨張収縮がなくなり、RC屋根スラブにクラックも入りにくくなります。
室内を暖房すると、断熱材はスラブの上にあるので、室内と一緒にスラブ自体も温まります。コンクリートは質量が非常に大きいので、熱を蓄える熱容量が大きく、温めるのは大変ですが、一度温まるとなかなか冷えません。
これは一般に外断熱といわれる方法で、コート（布団）を建物の外側にかぶせてしまうということです。熱容量が大きいRC部分を室内側に取り込むことにより、温度変化が少なく、快適な熱環境が実現できます。また、RC自体の膨張収縮などもなくなるので、RCの耐久性もよくなります。
断熱材には、厚さ3cm程度のポリスチレンフォームなどが使われます。発泡スチロールのように気泡が多く、気泡の中に熱を伝えにくいガスが入れられています。
以前は、断熱材の上に防水層を敷いていましたが、押さえコンクリートの重みで断熱材が押しつぶされて、防水層も一緒に下がり、防水層の立ち上がり部分で防水層が切れてしまうというトラブルが続出しました。それに対処するため、RCスラブのすぐ上に、防水層を敷くようになりました。
順番として、RC屋根スラブ→防水層→断熱材→絶縁クロス→押さえコンクリート、となります。

★ R172

Q 陸屋根の屋上の手すりは、どこに付ける？

▼

A 下図のように、パラペットの笠木、パラペットのアゴ、押さえコンクリート上の基礎に取り付けます。一番望ましいのは、基礎をつくって付ける方法です。

手すりを支える柱は、**手すり子**と呼ばれます。その手すり子をどこに付けるかが、意外と問題になります。防水層を貫通して付けるわけにはいきませんし、よりかかったとき簡単に壊れるようだと危険です。
押さえコンクリートの上に20cm程度の基礎を打って、そこに付けるのがもっとも望ましい方法です。押さえコンクリートが仕上がった後に、鉄筋だけ上に出しておいて、高さが20cm程度の基礎の箱をコンクリートでつくります。その基礎の箱に、手すり子を埋め込むわけです。アルミ製手すりの場合は、ネジを埋め込んでおいて、ボルトで締め付けて留めます。
パラペットに付ける場合は、丸環と同様にアゴの先がベターです。笠木を傷めず、雨も浸入しにくい所です。パラペットを打つ前に、手すり子を支える鉄の板を入れておいて、打ち上がった後に手すり子をその板に溶接して取り付けます。
パラペットの頂部、笠木の部分に手すりを付けると、金属の笠木がある場合は、それに穴をあける必要が出てきます。雨は上から落ちてくるので、雨水も浸入しやすくなります。手すり子の根本から水が浸入したり、笠木を傷めたりと、いろいろと問題が起きやすくなります。
狭いベランダではパラペットのアゴ、広い屋上では基礎をつくって、手すり子を取り付けるのが一般的です。

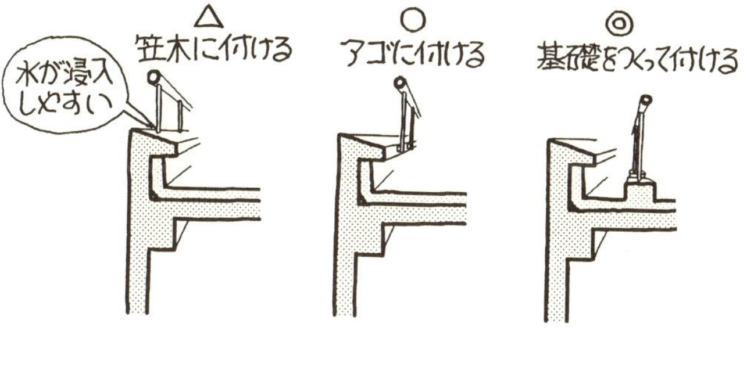

Q 屋根のメンテナンス用に建物に付けられたハシゴを何という？

▼

A タラップといいます。

タラップ（trap）は、日本語ではトラップと読んだりもします。トラップと読むと「わな」という意味が一般的ですが、排水用に使うS字管、U字管、お椀形などの臭気が上がるのを防ぐものもトラップで、同じ単語です。建築でタラップは「ハシゴ」です。一般には、船や飛行機の乗り降りに用いるハシゴを、タラップと呼ぶ習慣があります。
屋根に登るタラップがあると、メンテナンスが非常に楽になります。防水の点検、補修、ドレインの掃除、テレビアンテナの調整等々。そこで、直径2.5cm（25φ）程度のステンレスパイプなどでタラップをつくっておくといいでしょう。
コンクリートを打ち込む前に、ステンレスの板を埋め込んでおき、それにボルトか溶接でタラップを付けます。
子供のいたずら防止のため、タラップを下までつくらずに、途中までは脚立で登るようにすることもあります。また、墜落防止用の柵をタラップのまわりにつくることもあります。

Q 下の階に行くための穴で、上げ蓋の付いたものを何という？

▼

A ハッチといいます。

ハッチ（hatch）は、潜水艦の入り口をイメージするとわかりやすいでしょう。タラップと同様に、船、飛行機の用語です。主に船から来たもので、船室に入るために甲板につくられた上げ蓋付きの出入り口がハッチです。そこから、船や飛行機のドア付き出入り口もハッチと呼ばれるようになったと思われます。上げ蓋そのものを指してハッチと呼ぶこともあります。
建築でハッチは、ベランダにつくられた避難ハッチが代表例です。ハッチを開けると折りたたみ式の避難バシゴがあり、それを降ろして階下のベランダへと避難できる仕組みです。50cm角程度の穴が、人を通すためには必要です。避難ハッチの場合、人が落下してしまわないように、下の階と上の階のハッチの位置はずらさなければなりません。
地下の設備ピットや機械室への出入り口にも、ハッチは登場します。機械を搬入する必要上、大きいハッチを使うか、ハッチを2つ並べて同時に開くと大きい穴となるようにします。

Q ハト小屋とは？

▼

A 屋上防水を設備配管が貫通するとき、防水層を立ち上げて小屋をつくり、そこから配管を屋上へと導きます。その場合の小屋をハト小屋と呼びます。

防水層を直接貫通させてしまうと、配管と防水の隙間から雨が漏ってきます。そこで、このような小屋をつくる工夫がよく行われます。鳩を飼う小屋に似ているので、通称、ハト小屋と呼ばれます。
屋上の防水層がハト小屋とぶつかる部分では、やはり防水層を立ち上げます。パラペットと同じようにアゴを付けて納めると、雨仕舞いは安心です。
屋上にキュービクル（受変電設備）や大型の空調室外機を置く場合など、ハト小屋をつくらなければならないケースは多くあります。
排気用の配管を屋上へ貫通させるとき、ハト小屋をつくらずに、防水層を立ち上げる金物で簡易に貫通させることもあります。その場合でも、防水層はその金物のまわりで立ち上がり、その中を配管が通る仕組みとなっています。そして、雨が上から入らないように、配管の上にキャップが付くという仕組みです。
ハト小屋をつくらずに外壁を伝わせ、パラペットを乗り越える形で配管を回すこともあります。エアコン室外機の冷媒管や電気の配線などの場合です。ただし、外に配管が露出するので、見かけはあまりよくありません。

Q ベランダの床よりも室内の床が上がっているのは？

▼

A 防水層を立ち上げて、室内に雨水が浸入しないようにするためです。

防水層の立ち上がりの寸法をとるため、室内側の床を20cm程度上げる必要があります。
ベランダと室内が同じ床の高さだと、窓の下に20cm程度の壁をつくることになります。テラスに出る窓は、床まで開いた「掃き出し窓」としたいため、普通はベランダの床を下げることになります。
床を下げる場合、仕上げだけでなく、RC躯体も下げなければなりません。RC躯体の床スラブを同一高さにして床だけ上げると、やはり水が浸入しやすくなります。
バリアフリーの平らな床にしたい場合は、ベランダの床の上に、すのこのような水が下に通り抜ける床をもう1枚つくることになります。
ベランダの窓下から雨水が浸入して、下階の部屋に雨漏りしてしまうトラブルがかなり起きています。ベランダの防水層の立ち上がりは、屋根と同様に注意する必要があります。

★ R177 床レベル　その2

Q 浴室の床が脱衣室よりも下がっているのは？

▼

A 防水層の立ち上がりをとるためです。

浴室の床も、屋根やベランダと同様に、防水層の立ち上がりをとる必要があります。防水層全体としてお皿のような形になっていないと、水が別の部分へと浸入してしまいます。
RCの床スラブを平らのままで浴室を納めようとすると（下図左）、防水層の立ち上がりが必要になるため、入り口ドアの下が上がってしまいます。脱衣室から浴室に入るのに、20cm程度の敷居をまたいで入るため、使いにくくなり、足も引っかかりやすくなります。安いアパートならばいいのですが、分譲マンションでは許されません。そのため、RCの床スラブに段差を付けて（下図右）、防水層の立ち上がりをつくる方法がよく行われています。これならば20cmの敷居をまたぐのではなく、1段下りるだけですみます。
ユニットバスの納め方も同様に行います。ユニットバスでは初めからお皿ができているので、そこで水を受けます。しかし、お皿の縁を上げるためには普通の浴室同様、RCスラブに段差が必要となります。RCスラブをいじらないのであれば、敷居を20cm程度上げなければなりません。

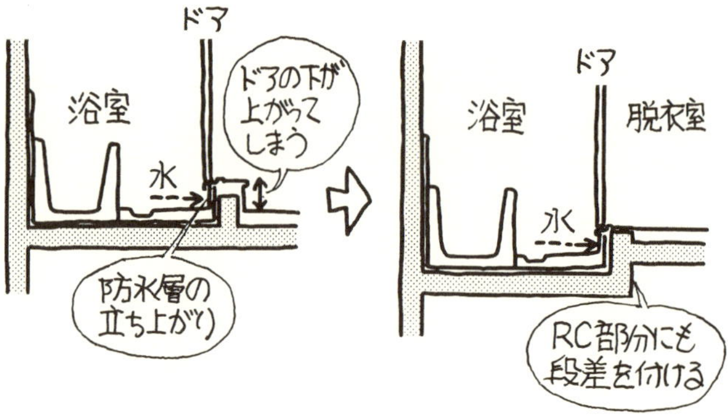

★ R178 床レベル　その3

Q 浴室と脱衣室の床を同じレベルにするには？

▼

A 浴室の入り口の床に溝をつくり、その上にグレーチングを渡します。脱衣室への水の浸入は、溝で防ぐ仕組みです。そうすれば、床を同面にすることができます。

グレーチング（grating）とは、排水を目的とした網状の蓋です。格子状のものや、金属板に多くの小さな孔をあけたパンチングメタルなどが使われます。
浴室入り口の溝は、上を人が歩くので、パンチングメタルだとたわんでしまうおそれがあります。そこで、角パイプを何本か並べたグレーチングがよく使われます。
RCスラブの段差、溝＋グレーチングなどの工夫によって、浴室と脱衣室の床を平らにすることができます。建物の玄関部分でも、床を平らにしたい場合は、このように溝＋グレーチングで対応します。バリアフリーの床をつくるには、防水への配慮は欠かせません。排水管をRCスラブ上で納める場合は、浴室床下に排水管を入れる空間が必要なため、スラブの段差はかなり大きなものとする必要があります。分譲マンションでは、排水管の修理はその住戸内で処理する必要があるので、スラブ上配管が原則です。

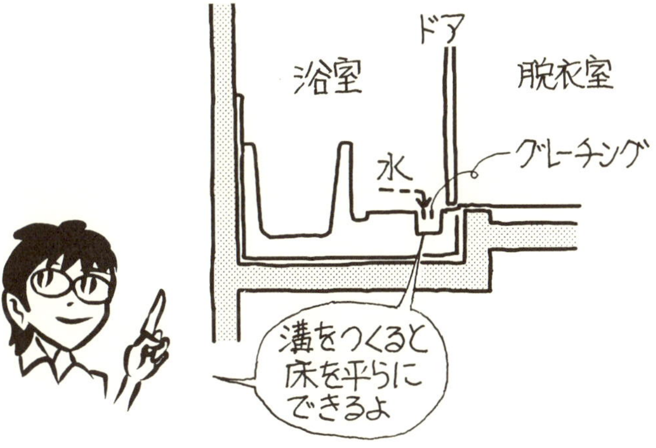

Q RC躯体にサッシを付けるとき、RC外壁に同面で付けるのではなく、RC壁の内側をしゃくってアゴをつくり、アゴの奥の方にサッシを付けることがよくあるが、なぜそのような納まりにする？

▼

A シールの位置が正面から見て横方向になり、雨仕舞いや見栄えがよくなるからです。

サッシとRC躯体の隙間を、シールで留めて水が入らないようにする場合、同面で納めると、シールに直接雨や太陽光が当たったり、また水が入りやすく、傷みやすくなります。これはシールだけでもっているような納まりといえます。
またRC躯体も、直角のピン角にしなければなりません。タイルや石を貼る場合はいいのですが、コンクリートに塗装仕上げの場合、RC躯体だけで直角のピン角をつくらなければなりません。当然、欠けたりはがれ落ちたりしやすく、そこに直接サッシを留めると、水が入りやすくなります。また、面をとった場合は、その面の分だけ内側にサッシをずらさなければなりません。
下図のように、RC躯体をしゃくって（えぐって）、アゴのような形を躯体でつくり、その中にサッシを付けると、シールはアゴの内側となり、雨や陽はシールに直接当たらなくなります。正面から見てシールも見えにくく、見栄えもよくなります。
雨水をどのように処理するかを雨仕舞いといいますが、RC躯体の内部に取り込むようにサッシを付けるのは、雨仕舞い上有利だからです。ちなみに、この場合のシールは、シリコンシールを使うのが普通です。

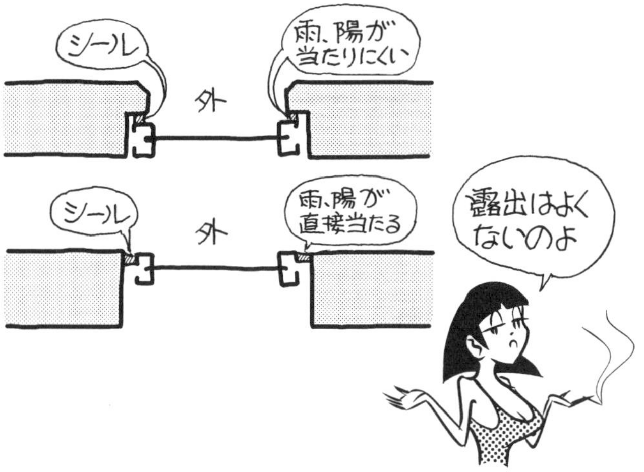

★ R180 サッシ その2

Q サッシを入れるためのRC躯体の穴の、下の壁の部分の形状は？

A 下図のように、外勾配に切り取った形とします。

上部には、左右の躯体部分と同じアゴをつくり、その内側にサッシを付けます。シールはこの場合は上向きなので、水は浸入しにくい形です。
下部は、万が一水が入っても外に向かって流れるように、外勾配とします。RC躯体を外側に傾けた上に、水切り板を付けます。アルミサッシの場合は、既製品のアルミ製水切り板を使うのが普通です。水切り板に落ちた水は、外へと流れる仕組みです。流れやすいように、水切り板の先は、RC躯体の外に出す形とします。
水切り板と躯体との間をシールして、水切り板とアルミサッシとの取り付き部分にもシールします。やはり、シリコンシールを使います。

Q サッシとRC躯体の隙間には、何を詰める？

▼

A 防水モルタルを詰めます。

RC躯体側に、鉄筋（差し筋）などの金物を事前に埋め込んでおきます。サッシ側の金物と躯体側の金物を溶接で留めることにより、サッシを固定します。躯体側の金物は、**サッシアンカー**と呼ばれます。
サッシアンカーに溶接するためには、溶接をするための機械が入る隙間がなければ作業ができません。溶接棒（溶接する火花が出る棒）が入る隙間が必要なわけです。
サッシがアンカーされた（留められた）後には、その隙間が残ってしまいます。その隙間をあけておくと、水が浸入しやすくなります。シールで水を止めているとはいえ、シールを破って入った水に無防備ではいけません。
そこで、防水モルタルを詰めます。防水モルタルとは、普通のモルタルに防水剤を入れた、水をはじきやすいモルタルです。モルタルとは、セメント＋砂＋水ですが、それに薬剤を入れています。
サッシの取り付けは下図のように、①躯体をつくる、②サッシを溶接してアンカーする、③水が入らないようにシリコンシールする、④サッシと躯体の隙間に防水モルタルを詰める、の順に行います。

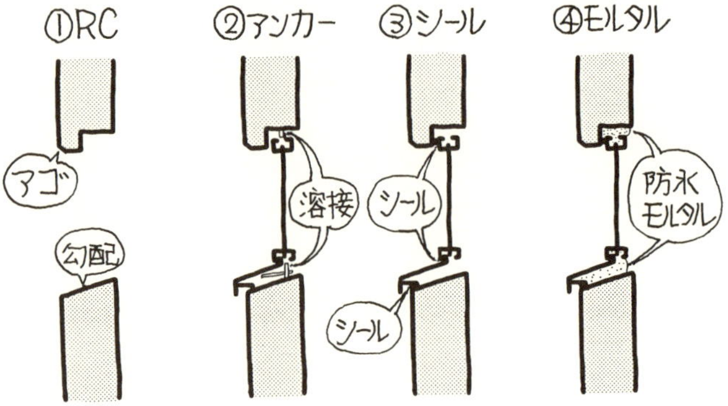

Q サッシの内側に木製枠を付けるのは？

▼

A 内側のボードや仕上げ材をきれいに納めるためです。

下図を見ると、外側からまずアゴがあって、次にサッシがあります。サッシ幅は70mmとか100mmなどで、RC躯体と内装を足した幅よりも、ずいぶんと小さい幅です。その幅の足りない分を、木製枠で補います。
ボードは枠に当たるようにして納めます。当てて留めるために、木製枠の方がボードより出ている必要があります。木製枠を10mm程度、ボード面から出すわけです。その出は**散り**と呼ばれます。木製枠にボードを差し込む溝をつくっておくと、長年使っても枠とボードの間が離れたりしません。上と左右の木製枠は**額縁**、下の木製枠は**膳板**といいます。下の枠の上にはものを置いたりするので、上と左右の枠とは違う呼び方をします。ただ、たいていの場合、同じ板材で4周をつくります。
木製枠は25mm厚の板が、よく使われます。正面から見て25mmです。この正面から見た寸法は、**見付け寸法**とか**見付け**と呼ばれます。見付け寸法を大きくすると、野太い印象になり、細くすると繊細な印象になります。また、奥行きの寸法は、**見込み寸法**とか**見込み**と呼ばれます。
木製枠の替わりに、鉄製やアルミ製の枠を付けることもあります。

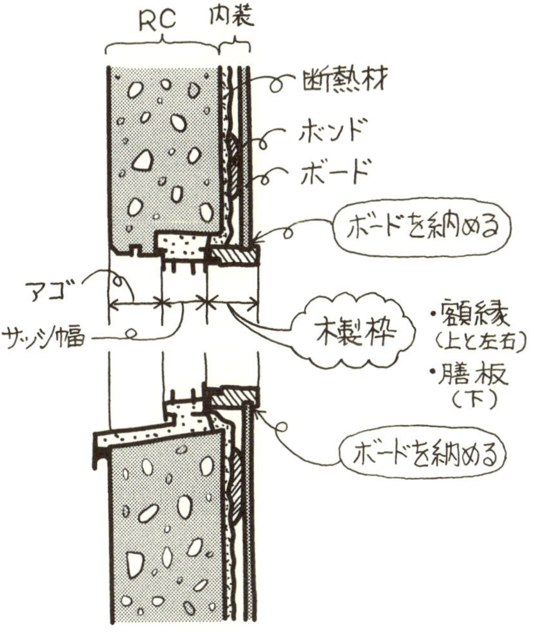

Q サッシに木製枠（額縁、膳板）を付けるには？

▼

A サッシにL型の金具を付けておき、それにビスで留めます。

木製枠は下図で見るように、サッシと石膏ボードのぶつかる所に付けます。ボードは石膏で固まっているだけですから、木製枠を直接取り付けるには弱すぎます。また、ボードにはネジは効きません。そのため、サッシの方に取り付けることになります。

アルミサッシの内側の4辺に、アルミ製の金具を事前に付けておきます。そこに木製枠を木ネジで取り付けるわけです。そうしてサッシのまわりの4周に、木製枠を付けます。

L型金具には、事前にネジを入れる穴があいていて、皿ネジの頭が入るように穴のまわりがへこんでいます。皿ネジをねじ込むと、L型金具の面内にネジは納まり、ネジの頭が気にならなくなります。もちろん、ネジの色もサッシの色に合わせます。

木製枠が留まったら、ボードを専用のボンドで断熱材に貼ります。ボードは木製枠に当たるように納めます。木製枠にボードの溝を彫っておいて、そこに差し込むように納めます。木製枠の表面はボード面から、10mm程度外に出ます。これが散りです。

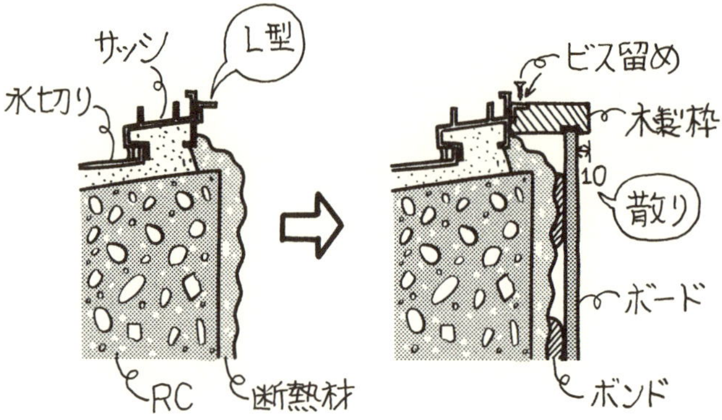

★ R184　スチールドア　その1

Q スチールドア枠をRC躯体に付けるには？

A サッシの取り付けと同様に、事前にRCに埋め込んでおいた金物に溶接して留めます。

サッシアンカーと呼ばれる金物を型枠に釘留めしておいて、コンクリートが固まった後に型枠を外します。スチール枠には、サッシアンカーに簡単に溶接できるように、枠の内側にプレートが付けられています。サッシアンカーとそのプレートを、鉄筋やL型の金物などで溶接してつなぎます。ドアをバタンバタンと開け閉めしても壊れないように、溶接でガッチリと留めるわけです。
その後、RC躯体とスチール枠の間をシールします。水を入りにくくするため、RC躯体にアゴを付けることもよく行います。
シールした後に、RC躯体とスチール枠の隙間に、防水モルタルを詰めます。この方法は、アルミサッシを付ける工程と、まったく同じです。
スチール枠を取り付けた後に、断熱材を吹き付け、木製枠をスチール枠にネジで取り付けます。この木製枠に溝を彫って、ボードを差し込むように付けます。散りを残して、ボードを納めます。
ボードと木製枠を散りを残して納めるやり方も、アルミサッシの場合と同じです。この木製枠を省いて、スチール枠にボードを直接当てて留めることもあります。

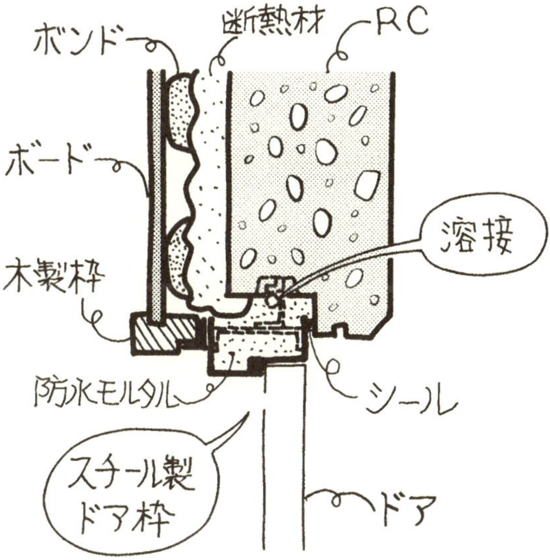

Q スチール製ドア枠の断面形にデコボコがあるのは？

▼

A 戸当たりをつくるためです。

ドアは戸当たりで止めないと、グルリと反対側にも回ってしまいます。スウィングドアは両側に開きますが、普通は片側だけに開く仕組みです。
戸当たりでドアを止めると、外気が入らなくなり、気密性が上がります。また、水も入りにくくなります。気密性、水密性を上げるために、戸当たりの部分にゴムを入れることがあります。このゴムは、ドアが閉まる際の音も和らげるので、ある程度のグレードの外扉には、戸当たりにゴムが入っています。
室内ドアでも、音楽室などの音漏れが気になるドアには、戸当たりにゴムを入れます。さらに、強力に締め付ける場合にはレバーハンドルも付けます。戸当たりは音だけでなく、視線をさえぎる役割もあります。
この戸当たりをつくるために、ドア枠の断面には複雑なデコボコが付いているのです。内装の木製枠では戸当たりを枠の真ん中に付けるので、ちょうど凸形になります。

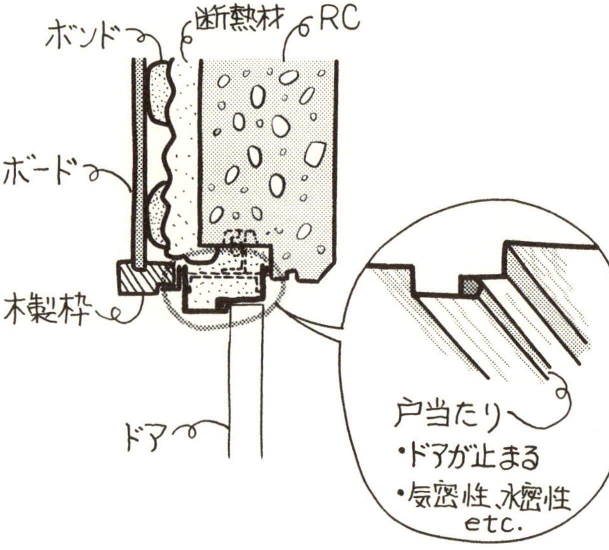

Q 外部ドアの下のスチール枠（沓ずり）がステンレス製なのは？

▼

A くつでするので、スチールに塗装したものでは、塗装がすぐにはがれてしまうからです。

ドア枠のうち、下の部材だけは沓ずりといいます。くつですることから、そのように呼ばれます。くつを履かない内部でも、ドアの下枠は沓ずりと呼びます。
ドア枠のうち、上と左右の枠は、1.6mm厚程度のスチール（鋼）でつくって、塗装します。下枠だけは、1.5～2mm厚程度のステンレスでつくります。下枠をスチールでつくると、塗装面がすぐにはがれてしまうからです。ステンレスには、何も塗装しないので、そのままのステンレス色です。
ステンレスは、記号ではSUSと書きます。SUSはサスと読むこともあります。クロムとニッケルの含有量の違いを表すため、SUSの後に番号を付けて区別することがあります。建築でよく使われるのは、SUS304で、沓ずりにもSUS304を使います。
内部のドア枠でも、上と左右が木枠で、下の沓ずりだけステンレス製とすることは、よくあります。内部ドアは、普通は沓ずりを省略して3方枠とします。床材が変わる所だけは、沓ずりを入れて、材料の変わり目の見切りとします。

くつでするから沓ずり
くつでするからステンレス(SUS)

Q 3方枠とは？

▼

A 沓ずりのない、上と左右の3方向だけの枠です。

主に、内装ドアの枠で使います。ドアを付けない壁の開口部にも、3方枠を付けます。
床材が同じ場合、床は連続させます。沓ずりを少し出すと、足が引っかかって危ないので、今では沓ずりは使わない傾向にあります。バリアフリーの考え方でもあり、コスト削減にもなります。
上と左右の枠は、下図に見るように、凸形の断面形をしています。真ん中に戸当たりを付けるため、凸形となるのです。戸当たりの出は12mm程度、幅は30mm程度です。
ドア枠の見付け寸法（見た目の幅）は、25mm程度が普通です。ドアのスチール枠、木製枠、サッシの木製枠のほとんどは、見付けが25mm程度でつくられています。その枠は、壁から10mm程度出すのが普通です。枠の散りは10mmと覚えておきましょう。
戸当たりは、枠を取り付けた後に付けます。まず、枠を下地の間柱などにボルトやネジで留めます。その際、戸当たりを入れる溝の中から間柱に留めます。枠を留めたら、戸当たりを溝にはめ込んで接着します。戸当たりを上からかぶせると、ボルトやネジの頭が見えなくなります。

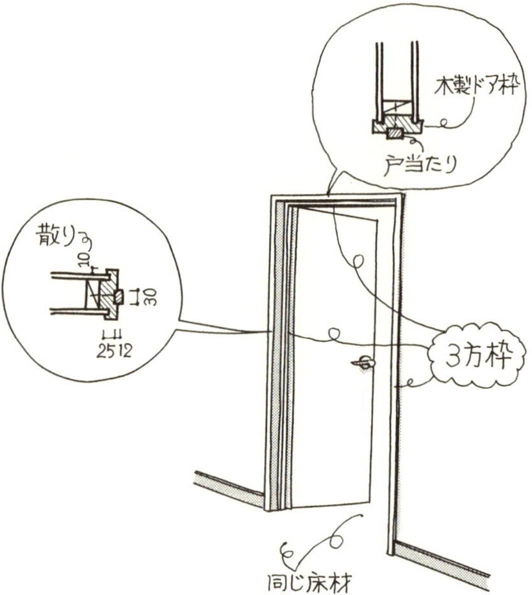

Q 内装ドア枠の散りと幅木の幅、どちらを大きくする？

▼

A 散りの方を大きくします。

散りの方を大きくして、幅木が枠に当たる所できれいに納まるようにします。

下図では散り10mm、幅木の幅6mmとしています。幅木の出の方が小さいので、幅木は枠に当たって止まり、幅木の木口（切断面）も見えずに、きれいな納まりとなります。

幅木の幅が15mmだとすると、枠に当たった際、5mm出てしまいます。幅木の小口が枠の外に出て、見た目の悪い納まりとなります。

散りを10mmとすることが多いのは、幅木の幅が10mm以下が多く、納まりがよく見えるからです。また、10mm程度なら、壁から出すぎている感じもしないからです。大きく突き出た枠では、じゃまになってしまいます。枠の散りは10mm、見付けは25mmと、とりあえずは覚えておきましょう。

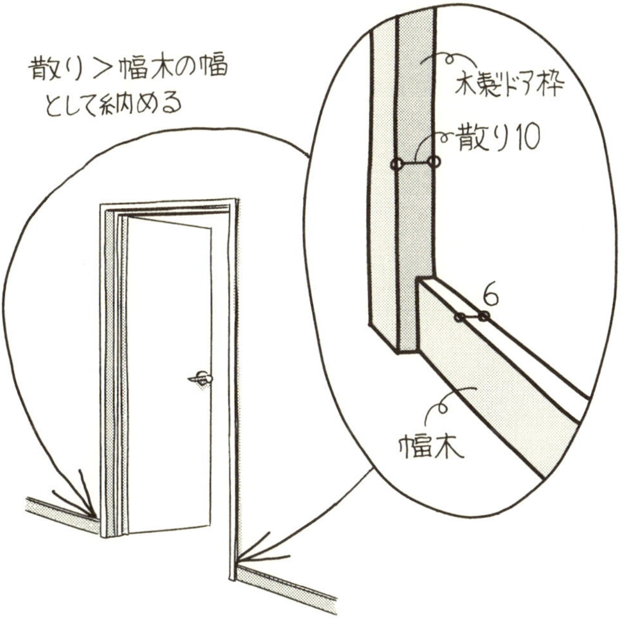

★ R189 内装ドア　その3

Q フラッシュ戸、框戸とは？

▼

A フラッシュ戸は表面が板だけで内部が空洞になっている戸のこと、框戸は框に囲まれた中に板やガラスの入っている戸のことです。

フラッシュ戸、框戸ともに、スチール製、木製、アルミ製などがあります。
フラッシュ戸は、内部には骨だけ入れて、両面を板でサンドイッチした戸です。骨を多く入れるのは面倒なので、ダンボール製やアルミ製のハニカムコアを入れることもあります。
ハニカムコア（honeycomb core）とは、直訳すると「ハチの巣の芯」です。ハチの巣状に六角形を組み合わせた芯材のことで、薄い紙やアルミ板でつくっても、強度が出ます。ハニカムコアの替わりに、断熱材のポリスチレンフォーム（スタイロフォーム）を詰めることもあり、外装のドアでは、断熱性が向上します。
框戸は、框を組んでその内部に板やガラス、ポリカーボネート中空板などを入れます。木製の框戸は、框材や中に入れる板にコストがかかるので、フラッシュ戸より価格が高くなる傾向にあります。フラッシュ戸はトイレの入り口、框戸は居間の入り口などと使い分けます。
框戸の中に入れる板は、**鏡板**と呼ばれ、ドアの見かけを大きく左右する化粧板です。鏡板には、良質の板が使われます。

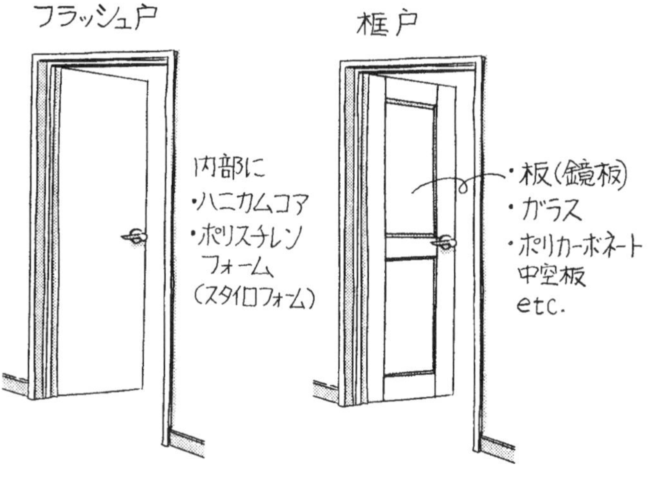

★ R190　内装ドア　その4

Q サッシの框とは？

▼

A ガラスのまわりの枠のことです。

サッシや障子のまわりの枠を指して框と呼びます。上の枠を**上框**、左右の縦の枠を**縦框**、下の枠を**下框**、真ん中に付ける枠を**中框**といいます。要するに、動く扉や窓の周囲や真ん中にある枠を、框と呼ぶのです。
また、床材の端部に付ける水平材も框といいます。玄関の上がり口に付ける水平材を**上がり框**、床の間の段差の所に付ける水平材を**床框**といいます。
下框は、上框や縦框に比べて太いのが一般的です。ガラスはかなり重いので、その荷重を支えるため、またレールの上を滑らせる戸車を納めるスペースが必要なためです。

Q サッシのガスケットとは？

▼

A ガラスを框にはめるためのゴムパッキンのことです。

一般に**ガスケット**（gasket）とは、気密性、水密性を持たせるために部材間に挟むゴムのことです。配管のつなぎ目に詰めるゴムも、ガスケットと呼びます。
ゴムパッキンといっても天然のゴムばかりでなく、合成樹脂製のゴムも使われます。パッキン（packing）とは、箱に詰めて荷造りする（packする）場合の、隙間に詰める弾力のあるものを指します。そこから間に詰める弾力のあるゴムのことを、**パッキン**と呼ぶようになりました。
また、引き伸ばすとゴムひものようになるので、**ゴムビード**ともいいます。ビード（bead）とは、ビーズの語源でもあり、数珠状のもの、ゴムひも状のものを指します。
サッシを組み立てる順序として、
①サッシ寸法に合わせてガラスを切る
②ガラスのまわりにガスケットをはめる
③サッシの片側の部材にガラスとガスケットを差し込む
④サッシのもう片方の部材をネジ留めして完成する
となります。ガスケットごと片方の框に差し込んで、その後に框全体を組み立てます。アルミサッシの框は、ビス留めで簡単に組み立てられます。
ガラスを留めるのに、ガスケットではなく、シール材で留める方法もあります。小型のサッシでは、ガスケットで留める方が多いです。

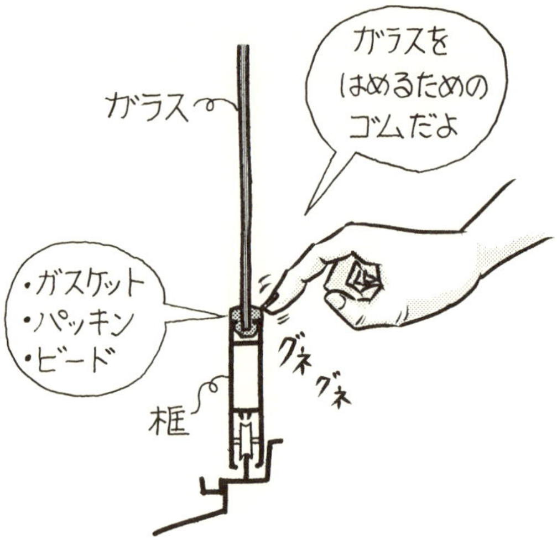

Q フロートガラスとは？

▼

A 溶融金属に浮かせて（フロートさせて）つくる、もっとも普及している透明板ガラスのことです。

フロート（float）とは、浮かすという意味です。何に浮かすのかというと、溶かした金属に浮かすのです。金属はスズを使います。スズの方がガラスよりも重く、水と油のように混ざらないので、平滑な面ができるというわけです。

昔は鉄板の上に溶かしたガラスを流しましたが、より平滑にする方法が開発されました。今では溶かしたスズの上に、溶かしたガラスをフロートさせてつくるのが一般的です。

スズははんだ付けに使われているように、融点は232℃で、低い温度で液体になります。また、鉛ほど有害ではありません。そのような理由から、フロートバス（ガラスを浮かせる容器）に入れる溶融金属にはスズが使われます。

フロートガラスは、フロート板ガラス、普通板ガラス、透明ガラスなども呼ばれます。厚みは、2、3、4、5、6、8、10、12mmなど、さまざまですが、中でも4mm、5mm厚あたりがよく使われます。住宅やマンションの窓ガラスに使われるのは、多くが5mm厚です。2mm、3mm厚は割れやすく、特に2mm厚は台風の強風でも割れる心配があります。

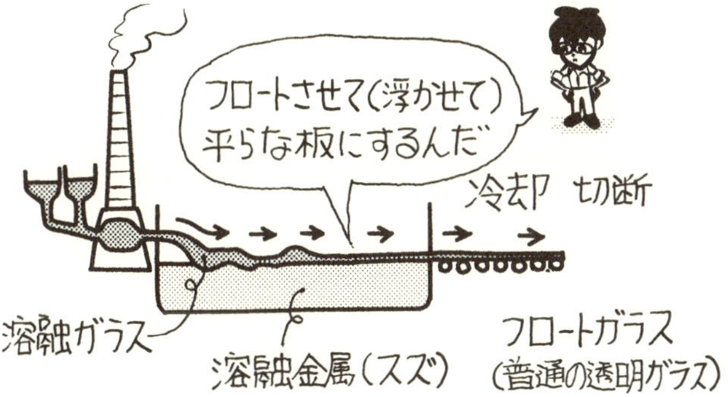

Q 型ガラスとは？

▼

A ガラスの片側にデコボコの型が付けられた、不透明なガラスです。

型ガラスの型とは、デコボコの型のことです。フロートバスから出てきたガラスをロールに通しますが、ロールの片方を型付きのものにします。片側にデコボコの型があるだけで、ガラスは不透明となります。
型ガラスは、**型板ガラス**ともいいます。ギザギザの不透明な模様が普通ですが、植物模様、花模様などの製品も売られています。
トイレや風呂のガラスなどは型ガラスとするのが普通です。テラス窓で上部を透明、下部を型ガラスとするなどもよく行われます。
不透明ガラスでは、**フロストガラス**（すりガラス、曇りガラス）も、量は少ないですが使われます。砂や研磨剤を吹き付け（サンドブラストして）細かい傷を付けて、不透明とします。型ガラスよりも、繊細な表情となります。
透明ガラスの下部だけ、雲形のフロストにするなどのデザインもできます。特注なのでそれなりのコストはかかりますが、店舗デザインでは使用されています。

型ガラスは見えないガラスのことよ
片側だけに凹凸の型

Q 複層ガラスと合わせガラスは違う？

▼

A 違います。

複層ガラスは、中に空気を入れて断熱性をよくしたガラスです。一方、合わせガラスは、樹脂をガラスでサンドイッチして、割れにくくしたガラスです。

複層ガラスは、**ペアガラス**（pair glass）とも呼ばれ、ガラスとガラスの間に空気を封じ込めたものです。空気は熱を通しにくく、また狭い所だと対流しないので、断熱性が格段によくなります。

ガラスとガラスは小口（切断部分、端部のこと）の所で、スペーサー（間隔を保つ部材）とシールで留められ、内部に空気を封じ込めます。

内部の空気に水蒸気が多く混じっていた場合、ガラスが冷えると結露が発生して、水滴が内部に付いてしまいます。内部に付いた水滴は、外からはとることができません。そこで、空気を乾燥させてから、封じ込めます。また乾燥剤を、スペーサーの内部に入れることもあります。

乾燥空気の替わりに、アルゴンガスを詰めることもあります。電球や蛍光灯の封入ガスに使うアルゴンガスは、熱を通しにくい（熱伝導率の低い）不活性のガスです。

2枚のガラスは、外側を厚く内側を薄くすることもあります。両方のガラスが同じ厚みだと、太鼓の原理で共振して、音が伝わりやすくなってしまうからです。

合わせガラスは、ガラスで樹脂などをサンドイッチして、割れにくくしたガラスです。防犯ガラスとも呼ばれます。紫外線をさえぎる半透明の金属膜を挟むこともあります。

複層ガラスの外側に合わせガラスを使う場合もあります。防犯性と断熱性を併せ持つガラスです。

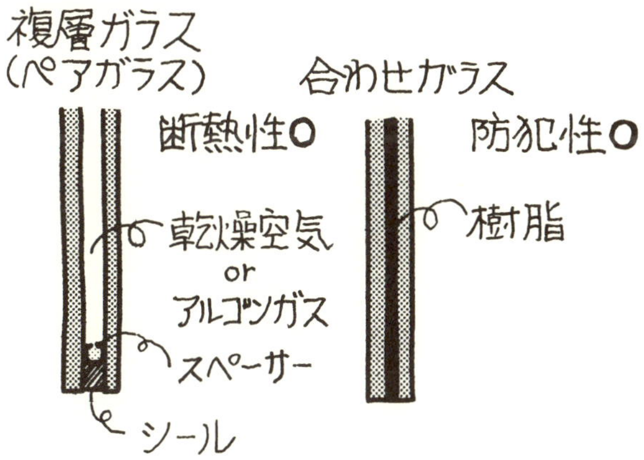

★ R195　ガラス　その5

Q 網入りガラスとは？

A 火災でガラスが割れたときでも破片が落ちて脱落しないように、網状にワイヤーが入れられたガラスです。

網を市松状に入れるクロスワイヤー、45度傾けた菱形状の菱ワイヤーがあります。フロートバスから出てきたガラスの真ん中に、網を入れてから冷却してつくります。厚みは6.8mmが主流です。
普通ガラスなら割れるとすぐに破片が落下してしまいますが、網入りの場合はワイヤーに引っかかって簡単には落ちません。ガラスの飛散、脱落を防ぐために、網が入れられているのです。
誤解されがちですが、ワイヤーが入っているからといって、防犯性はありません。叩いて割った場合、細いワイヤーの網があるため、ガラスは落下しませんが、割れたガラスを手で取り除いて、穴をあけることは簡単です。
網は鉄線なので、ガラスとは若干ですが熱膨張率が違います。太陽の熱を受けて膨張収縮する場合、膨張率が違うと割れてしまいます。それが熱割れです。網入りガラスには、叩いてもいないのに割れが入ることがありますが、それは熱割れのためです。
ガラスの小口（切断面）から水が入ると、鉄なのでサビてしまいます。サビて膨張すると、ガラスが割れてしまいます。それがサビ割れです。熱割れ、サビ割れは、網入りガラスの欠点です。
ワイヤーが縦横の網状ではなく、縦方向または横方向にしか入っていないガラスもあります。それは線入りガラスとかユニワイヤー（ユニとは単一という意味）と呼ばれます。線入りガラスは飛散防止にはなりますが、防火性は認められていません。

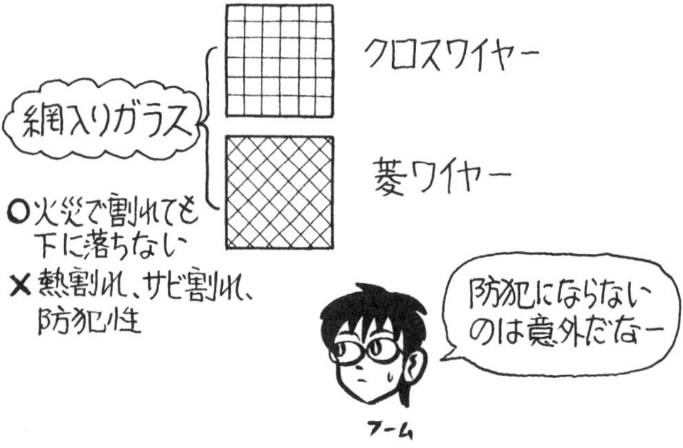
網入りガラス
クロスワイヤー
菱ワイヤー
○火災で割れても下に落ちない
×熱割れ、サビ割れ、防犯性
防犯にならないのは意外だなー
アーム

★ R196 ガラス その6

Q 強化ガラスとは？

A 衝撃や荷重に対して、フロートガラスの3～5倍の強度を持たせた特殊なガラスです。

フロートガラスを加熱した後に急激に冷やすと、強度の高い強化ガラスができます。割れるときは全体が一瞬で粉々に割れますが、鋭い鋭角的な破片にはならず、小さく粉々に割れるので、人間に対しては安全です。
車のフロントガラスは、強化ガラスでフィルムをサンドイッチした合わせガラスです。粉々に割れたガラスが目に入って失明する事故を防ぐため、強化ガラスをさらに合わせガラスにしています。
強化ガラスは現代建築で、積極的に使われています。大型のガラス面、ガラス製の手すり、ガラスの床などです。
大型のガラス面は、車のショールームの大ガラス面、吹き抜け空間の大ガラス面など、日常的に目にします。大型のガラス面はサッシがないか、あっても最小限のデザインとするために、ガラスがあるのがわかりづらいという欠点があります。そのため、視線の高さあたりにシールなどでマークを付けて、衝突を防止するなどの対策が必要です。
強化ガラスの手すりはパイプの手すりに比べて、デザイン的にすっきりしているばかりでなく、くぐり抜けることができないため、安全面でも優れています。
下に遺跡を見せるためのガラスの床、下に都市模型を見せるためのガラスの床、下の景観を見せるガラスの床など、強化ガラスの床もさまざまな用途に使われています。

Q 網戸のネットの種類は？

▼

A サランネット、ステンレスネット、銅ネットなどがあります。

圧倒的に多いのがサランネットです。サランとは、ポリ塩化ビニリデン系合成繊維です。合成樹脂の繊維ですが、耐水性（吸水率がほぼ0％）、難燃性、耐薬品性に優れていて、カビも付きにくい素材です。軽く、カッターで簡単に切れます。そのわりに強く、引っ張ってもなかなか破れません。

サランネットの色には、緑、青、灰色、黒などがありますが、灰色がよく使われています。

網戸の框には溝がつくられていて、そこにサランネットをはめ、上からゴムのひも（ゴムビード）を専用のローラーで押し込んで留めていきます。押し込んだ後に、カッターでサランネットの余計な部分を切り取ります。慣れれば素人でも、張り替えはできてしまいます。

サランは、サランラップでも有名です。元はアメリカの技術者2人がピクニックに行ったときに思い付いたもので、彼らの妻の名、サラとアンを合成して命名したとされています。

ステンレスネットは、サランネットの約3倍のコストがかかります。コストの高い大型の建物などで使われ、サランよりも、破れにくい長所があります。カラスがくちばしで突っつくと、サランネットは破れてしまいますが、ステンレスネットは破れません。銅ネットは、現在ではあまり使われていません。

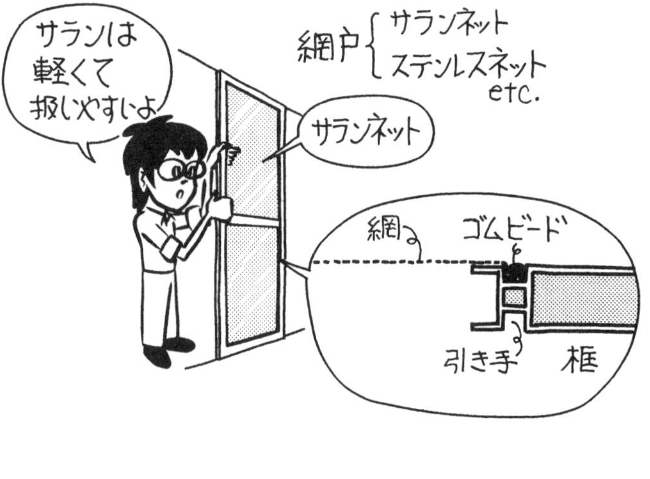

Q ポリカーボネート板とは？

▼

A 衝撃強度の高いプラスチックの一種です。

ガレージの屋根、庇、ベランダの手すり壁、内装框戸（框戸：框で板、ガラスなどを囲う戸）などに広く使われています。ポリカーボネートのことを、ポリカ、ポリカーボなどともいいます。
ガラスの重い、割れやすいなどの欠点に対して、ポリカーボネートには軽い、割れにくいという長所があります。ガラスは硬いので、傷が付きにくいけれど割れやすい、ポリカーボネートは軟らかいので、傷が付きやすいけれど割れにくいのです。
ポリカーボネートは燃えにくい素材ですが、燃えないわけではありません。また、傷も付きやすいので、透明ガラスの替わりに窓に使うことはできません。しかし、柔らかくて粘り強いので、合わせガラスの中にサンドイッチされて、防犯ガラスをつくる際に使われます。
内部に中空のあるポリカーボネート中空板（ツインカーボ）も、よく建築で使われます。厚い板は、ポリカーボネート板でも重くなります。中に中空層をつくると、曲がりにくいわりに軽い板ができます。ただし、不透明になってしまいます。
中空板は、内部の框戸などによく使われます。また、中空層があって断熱性があるので、高窓に使うこともあります。
ポリカーボネート中空板をガラス窓の内側にガラス用両面テープで張ると、窓の断熱性が格段に上がります。不透明でも気にならない窓や結露のひどい窓では、使ってみてもいいでしょう。

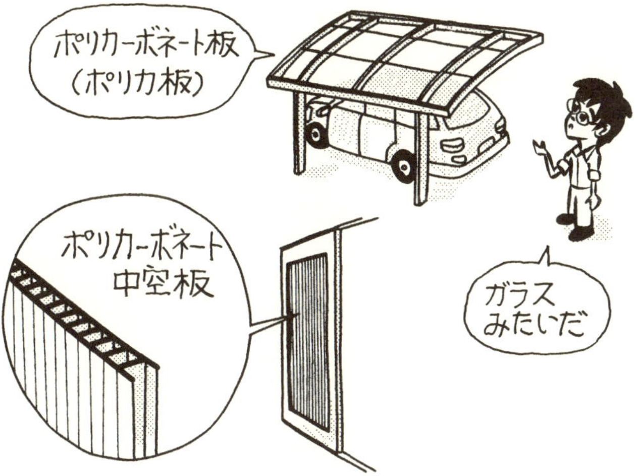

Q コンクリート表面の標準的仕上げである、塗装、タイル貼り、打ち放しを、汚れにくい順に並べると？

▼

A タイル貼り＞塗装＞打ち放し、となります。

打ち放し面には、水をはじくシリコンの撥水材を塗布することがよく行われますが、その効果は5～10年でなくなってしまいます。打ち放し面は汚れやカビ、傷みや黒ずみなどのため、見栄えが悪くなります。メンテナンスを5年おき程度の短いサイクルで定期的に行わないと、コンクリート面は傷みやすく、汚れやすくなります。
塗装すると、表面に塗膜ができるので、汚れが押さえられます。内部への水の浸透もなく、打ち放しよりも汚れは目立ちません。耐久性も、打ち放しより向上します。ただし10年も経つと、陽の当たらない北側壁面などに黒いカビが目立つようになります。また、窓下に雨が流れた後に汚れが出てきます。光触媒入りの塗料、防カビ剤入りの塗料などが販売されていますが、効果は限定的と見ておいた方がいいでしょう。
一方、タイル面は、築20年でも汚れはあまり目立ちません。茶碗と同じ磁器でできているからです。茶碗には汚れはなかなか付きません。
初期コストは多少高くても、15年ごとの足場＋高圧洗浄＋塗装代を比べれば、タイル貼りにするのが無難です。
タイルよりも割高な石張りも、分譲マンションのエントランスまわりなどに使われます。その場合は花崗岩を主に用います。大理石では酸性雨で真っ黒になってしまいます。表面が平滑ならば、石張り仕上げはタイル貼りと同様に、汚れには強いと考えられます。

Q タイル貼りのマンションで、ベランダ、外廊下の出隅の部分、裏側を塗装としているものがあるのは？

▼

A コストを下げるため、タイルの割付けによる半端を避けるためです。

出隅の部分は、タイルが特殊になっていて、コストが高くなります。また、この部分にタイルを割り付けると、半端も出やすくなります。半端は普通、目地の幅で調整しますが、それでも出てしまうことがよくあります。そこで、コーナーや上端の部分を塗装仕上げとします。割高なタイルを貼らずにすむし、割付けも気になりません。
さらに、ベランダの裏側、外廊下腰壁の裏側を塗装仕上げとすることも、よく行われます。これもコストを下げるためです。これらの部位は陽の当たらないことが多いので、10年程度でカビなどで黒ずんでしまいます。
このようなタイルと塗装の両方の仕上げを併用している建物を見ると、どちらが汚れやすいか、一目瞭然です。築10年以上の実物の建物で見てみましょう。コストが許せば、全面タイル貼りにするのがベストです。

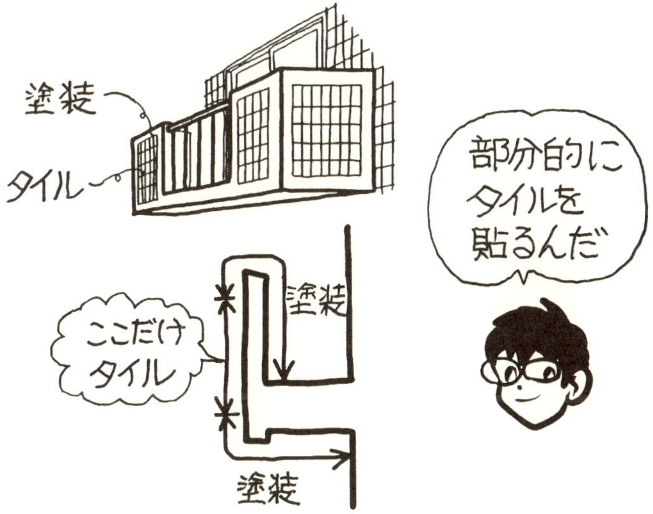

Q コーナーに貼るような特殊なタイルを何という？

▼

A 役物といいます。

平らなタイルではなく、L型などの変形の特殊なタイルのことを、役物といいます。役物はタイルばかりでなく、特殊な形の部品を指して一般に使われる用語です。
タイルの役物にはコストがかかります。平らな部分が材料と工賃（材工）で1万円/㎡とすると、役物は長さ1m当たり5000円程度かかります。役物を省いてコストを下げようとする場合、前項のように、塗装で処理すれば可能です。
平物をコーナーに貼ると、タイルの厚みの部分（小口）が出てしまいます。小口を隠して平物でコーナーを貼る場合、平物の端を45度にカットして、相互に合わせる留めとして角を合わせなければなりません。この場合は手間がかかり、45度カットがきれいにできないと、逆に汚く見えてしまいます。

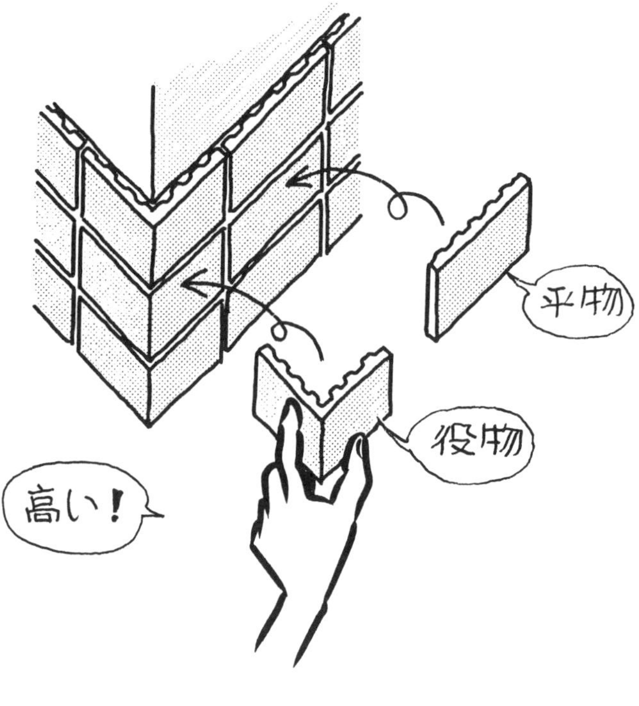

Q 小口タイルとは？

▼

A レンガの小口（小さい方の切断面）の大きさのタイルです。

レンガ造は明治以降、倉庫、工場、公共建築物に広く使用されてきました。レンガを積んでつくるヨーロッパ風のつくり方は、耐火性能はいいのですが、耐震性に劣っています。そこで、外観をレンガ風にしたタイルが、RC造の仕上げ材として使われるようになりました。当初はレンガタイルだけでしたが、現在ではさまざまな色調、材質感のタイルが販売されています。

タイルはレンガに源流があるため、呼び名もレンガに由来するものがあります。**小口タイル**とは、レンガの小口と同じ大きさにつくられたタイルのことです。

小口とは切断面の意味で、建築で多用される用語です。レンガの小口は、文字どおりレンガの一番小さい面を指します。小口タイルは、レンガの小口と同じ、60mm × 108mmの大きさで、厚みは10mm前後が多いようです。

★ R203 タイル　その5

Q 2丁掛けタイルとは？

▼

A レンガの小口約2個分の大きさのタイルです。

レンガの大きさは、日本では60mm × 100mm × 210mmが普通です。レンガは、元はヨーロッパで建物を手でつくるために考案されたものです。1個1個手で積み上げるため、手に収まる大きさと重さでなければならなかったのです。そこからレンガは、60mm × 100mm × 200mm程度の大きさが一般的になりました。10cm幅ならば、片手で握ることができます。
レンガの大きさは、各国、各地方で少しずつ違いますが、大きく違っていないのは、この手で積み上げるという作業が同じだからです。
60mm × 108mmの小口を横に2つ並べると60mm × 216mmとなり、目地の幅を加えて60mm × 227mmとします。このレンガの小口2つ分の横長のタイルを、2丁掛けタイルと呼びます。
1丁、2丁とは豆腐を数えるときなどに使いますが、ここでは豆腐のような形のレンガを数えるのに「丁」を使っています。レンガ2丁分の大きさのタイルだから、2丁掛けタイルとなったわけです。

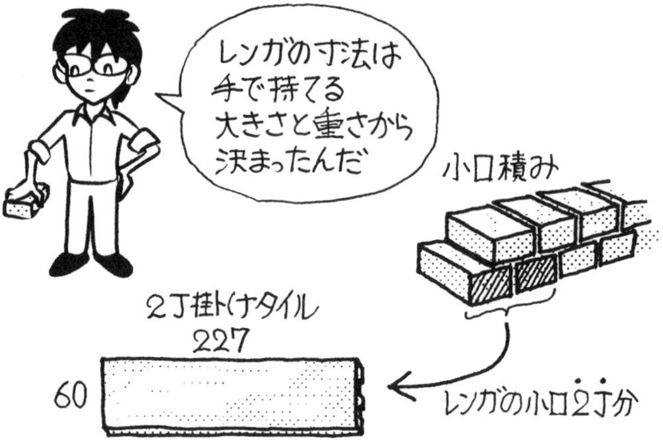

Q 45·2丁掛けタイルとは？

A 45mm角のタイル2枚分の大きさ（45mm×95mm）のタイルです。

45mm角タイルは、下図のように5mmの目地をとって貼ります。その2枚分とは、45mm＋5mm＋45mm＝95mmとなります。よって、45mm×95mmが大きさとなります。

2丁掛けタイルという場合、レンガ2丁分の大きさのタイルを指す場合と、45mm角2丁分の大きさのタイルを指す場合があります。カタログを見るときには注意しましょう。最近では、45·2丁掛けのタイルの方が多く使われています。

45·2丁掛けタイルは、45·2丁と略称されることもあります。また、小さいタイルという意味で、**モザイクタイル**ということもあります。

45·2丁掛けタイルは、30cm角程度の紙にまとめて貼られていて、そのシートを使ってユニットとして貼る方法がよく行われます。**ユニット貼り**ともいわれ、広い面に貼る場合は、能率よく施工できます。

Q 45角タイルと50角タイルは同じもの？

▼

A 同じものです。

タイルそのものの大きさをいうか、目地まで含めた大きさをいうかの違いです。45角とは、タイルそのものの寸法が45mm角ということ、50角とは、目地の芯から芯までの寸法が50mm角ということです。
カタログに表示された寸法が、タイルそのものの寸法なのか、目地も入れた寸法なのか、注意して見る必要があります。50角タイルと同様に、100角タイル、150角タイル、200角タイルも、目地芯─芯寸法での呼び名です。
50角タイル、100角タイル、150角タイルは、30cm角の紙に貼られて納入されることが多く、50角ならば、6×6＝36枚が1枚分です。すでに目地分の5mmをあけて貼られているので、コンクリート面にタイルを接着した後、紙を外し、目地にモルタルを詰めれば貼り付け完了です。作業が能率的に進められます。
45角（50角）タイルや45·2丁掛けタイルは小振りなので、薄くつくれて安価です。また、細かいデコボコ部分でも、大きなタイルに比べて割付けが楽なので、多くの建物で使われています。

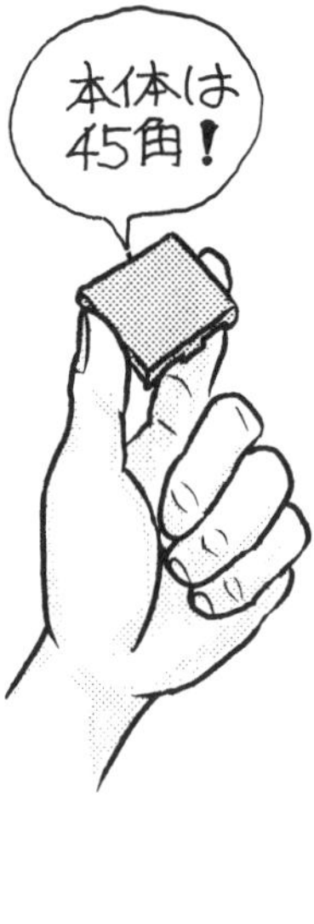

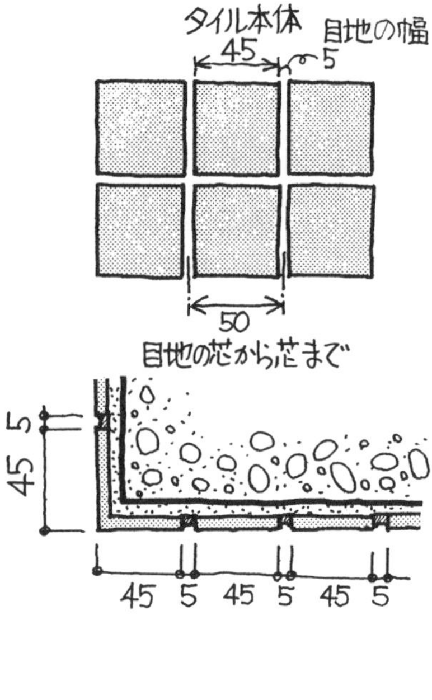

★ R206　タイル　その8

Q 外壁に使うのは磁器質タイル？　陶器質タイル？

▼

A 磁器質タイルです。

陶器には吸水性があるので、内部にしみ込んだ水が凍ると破裂してタイルを破壊してしまいます。水は氷になると、体積が大きくなります。同じ重さなら、氷の方が体積が大きいため、氷は水に浮きます。
水が凍ると体積が膨張するという性質により、水道管の破裂、雨水の入った鉄パイプの手すりの膨張など、多くの悪い現象が引き起こされるのです。タイルも同じです。そのため、水を吸う陶器ではなく、水を吸わない磁器を外壁タイルには使います。
磁器と陶器の違いは、成分の粘土の量、珪石と長石の量、焼成温度などによります。その成分によって、磁器は「石のもの」、陶器は「土のもの」と呼ばれることもあります。磁器の表面は珪石、長石が高温で焼かれて、ガラス質になっています。
一般に、茶碗は磁器です。吸水性がなく、汚れの付きにくい磁器が、茶碗には適しています。それは外壁タイルも同様で、陶器質タイルは、建物内部の水のかからない場所に使われます。
設計に携わっていて、外装だから磁器、内装で水掛かりではないから陶器などと考えることはまずありません。タイルメーカーのカタログを見ると、外部の壁用、内部の○○用などと、使える部位が指定されています。床用は滑りにくい、厚くて割れにくいなど、それぞれに特徴があります。設計者は、カタログを参照して、さらにサンプルを取り寄せてデザインを決めていきます。

磁器
陶器
・石のもの
・粘土少ない
・焼成温度高い
吸水しない
外壁タイルは磁器
水を吸うかどうかが問題よ
・土のもの
・粘土多い
・焼成温度低い
吸水する
陶器は水のかからない所

Q せっ器質タイルとは？

▼

A 磁器質タイルと比べて、少し吸水率の高い磁器質タイルに似たタイルです。

炻器質と漢字で書くこともあります。磁器、せっ器、陶器の違いは微妙なものですが、JISでは吸水率の違いとして定義しています。

磁器：1%以下
せっ器：5%以下
陶器：22%以下

さらに、焼成温度で定義することもあります。

磁器：1250℃以上
せっ器：1200℃前後
陶器：1000℃以上

吸水率、焼成温度ともに、せっ器は磁器に近いことがわかります。吸水率の点で、せっ器は磁器に若干劣ります。
せっ器質タイルは吸水率の点で少し磁器に劣る、磁器質タイルに近いタイルと覚えておきましょう。
せっ器質タイルはその吸水率から、室内外の床用タイルなどに使われます。クリンカータイルはせっ器質タイルの一種で、食塩を塗って焼成し、表面を赤褐色のガラス質としたものです。表面にデコボコの付いた厚めのクリンカータイルは、床用タイルとして広く使われています。

Q 釉とは？

A タイルを焼く前に塗る上薬のことです。

釉は、この一文字だけで「うわぐすり」とも読みます。色や光沢を付けたり、強度や撥水性を増したりするものです。
釉は、釉薬ともいいます。釉薬も、「うわぐすり」と読むことがあります。
釉薬には、磁器の成分と同様の長石、珪石などの成分が含まれていて、タイル表面のガラス質を強化します。
釉薬を施すことを、**施釉**といいます。釉、釉薬、施釉は、タイルには付きものですから、ここで漢字ごと覚えておきましょう。

Q ラスタータイルとは？

▼

A 玉虫や真珠貝のような虹色の金属光沢を発するタイルです。

酸化チタンなどの金属膜を焼き付けたタイルで、見る角度や光の角度によって、違った表情になります。ラスター（luster）とは光沢、ツヤという意味で、貝殻の内側にも、ラスタータイルのように虹色に見える部分があります。

一時、ラスタータイルを貼ることがはやり、オフィスビルやマンションなどに使われました。ラスタータイルを全面に貼ると、多少派手な印象になります。

★ R210　タイル　その12

Q 素焼きタイルとは？

▼

A 釉薬をかけずに低温で焼いたタイルです。

赤茶色の植木鉢も素焼きです。赤茶色、こげ茶色、薄茶色、オレンジ色などの土色で、表面がザラリとした自然の土に近い風合いを持つタイルです。

磁器の場合は、低温で素焼きをした後に釉薬をかけ、次に高温で本焼きします。素焼きは、本焼きの前段階でもあります。

素焼きタイルは、**テラコッタタイル**（terracotta tile）とも呼ばれます。イタリア語でテラ（terra）は土、コッタ（cotta）は焼くという意味で、合わせて焼いた土、素焼き土器となります。

建築ではテラコッタは、大きめの立体的な装飾や彫刻などを指す場合もあります。それも元は、素焼き土器で立体をつくったことに由来します。

素焼きタイルは、主に内装の床などに使われます。土っぽい風合いが、土間のような素朴なデザインとして生きてきます。外に用いる場合は、吸水性があるので、寒冷地は不可などの条件が付きます。

吸水性があり、多孔質のため汚れが付きやすいので、表面をクリア塗装（透明な塗膜をつくる塗装）することもあります。筆者も大型の店舗でメキシコ産の素焼きタイルを床一面に敷いたことがありますが、汚れ防止、割れ防止のために、クリア塗装を全面に施しました。製品によっては、最初からそのような塗膜が付いていることもあります。

Q イモ目地とは？

▼

A 縦横に目地が通る貼り方、積み方のことです。

イモ目地は、目地が通っているということから**通し目地**とも呼ばれます。

イモ目地と呼ばれるのは、芋の根が縦横にそろっているからともいわれています。そのためか、芋目地とも書きます。

レンガをイモ目地に積むと、力がすぐ下のレンガにのみ伝わり、分散しないので、構造的には弱くなります。上の1個のレンガを下の2個以上のレンガで支えるようにする方が、構造的にはいいわけです。また目地が通っていると、そこから割れて壊れてしまう可能性もあります。

一方、タイルの場合は、イモ目地でなんら問題ありません。縦横に通すので、貼りやすく、見た目もすっきりするというメリットがあります。

45角、45·2丁掛けなどの小さなタイルは、通常はイモ目地で貼ります。

小さなタイルを互い違いに貼ると、ごちゃごちゃして煩雑に見えるからです。互い違いに貼るのは、大きめのタイルです。

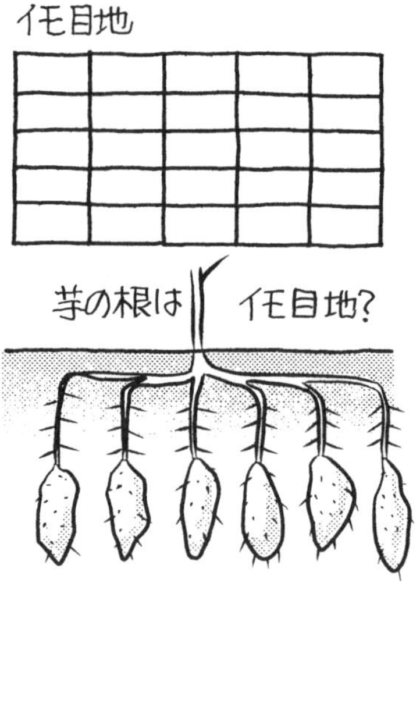
イモ目地
芋の根は
イモ目地?

タイル貼りでは
一般的、
レンガ積みでは
構造的に弱い

Q ウマ目地とは？

▼

A 縦目地だけ互い違いにした貼り方、積み方です。

レンガ2個の上に、両方にかかるようにレンガを積むと、ウマ目地となります。レンガを馬乗りにさせるから、ウマ目地です。馬目地とも書きます。建築では馬乗りとは、2つのものにまたがるように乗ることを指します。

馬乗り状にレンガを積めば、構造的にも強くなります。横目地はそろえますが、縦目地は互い違いにした方が、力が分散し、また目地の部分が縦に一直線に割れることもなくなります。

縦目地が互い違いとなっていて、通りが破れているという意味で**破れ目地**ともいいます。そのほかに馬乗り目地、馬踏み目地などと呼ばれることもあります。

タイルをウマ目地とするには、2丁掛けタイル（60mm × 227mm）のような横長の大きなタイルを用います。大きなタイルをウマ目地で貼ると、レンガを積んだような感じにすることができます。

Q ねむり目地とは？

▼

A 目地幅をまったくとらない目地のことです。

眠り目地と書きます。目をつぶって目を開いていない状態、目地がない（線1本）状態を指して眠りと表現しています。盲目地ともいいますが、差別用語となるので、現場でしか使われません。
ねむり目地は、寸法をぴったり合わせなければ相互にずれが目立ってしまいます。目地幅があれば、多少のずれは吸収できます。寸法や施工誤差の逃げが効かないという欠点があります。
また、ねむり目地は水が入りやすいという欠点もあります。一般に、目地にはモルタルを詰めるので、割れたりしない限り目地から水が入ることはありません。ねむり目地の場合は、タイルとタイルをぴったりと付けているだけなので、毛細管現象で水が入ってしまいます。
このように、外壁のタイル貼りでは、ねむり目地は一般には使われません。水のかからない場所か、かかってもかまわない外構（庭など）などで使われます。

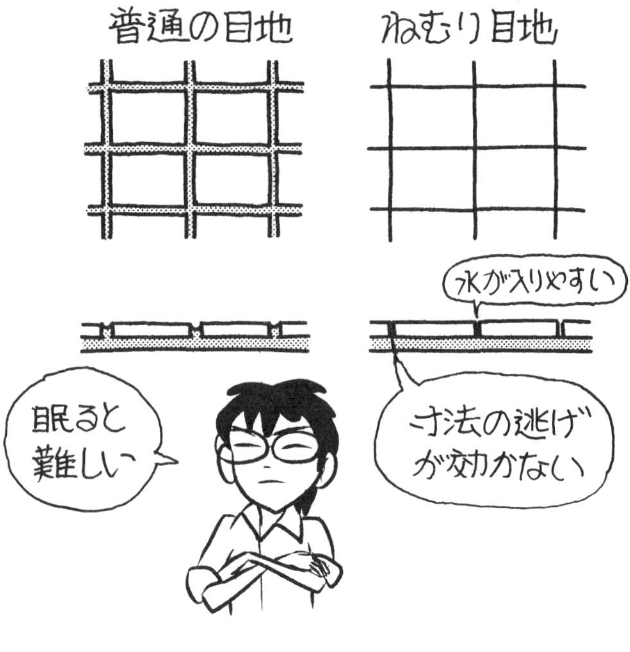

Q 伸縮目地とは？

▼

A タイルなどの熱膨張、収縮の力を逃がすために設ける目地のことです。伸縮調整目地ともいいます。

タイルは太陽の熱を受けて膨張収縮をしますが、それによってあちこちにクラックが入ってしまいます。タイルとコンクリートでは膨張率が違い、また壁の表面と奥とでは、温度も違います。そのずれによる力を、どこかで逃がす必要があります。

鉄道のレールの継ぎ目に隙間をあけたり、屋上防水の押さえコンクリートに一定間隔で隙間をあけたりするのと同じです。

伸縮可能な部分をつくっておくと、そこで力が逃げてクラックが入りにくくなります。伸縮させるためには、シール材による目地を、25mm程度の幅でつくります。シリコン系などのシール材が使われます。目地の深さは、躯体まで切り込みます。タイルを貼り付けるモルタルも伸縮するので、そこも切り込みます。

下図のように、打ち継ぎ目地の上にも伸縮目地を入れます。打ち継ぎ目地は、高さ3～4mごとに入っているので、そこで伸縮目地をとるのが普通です。シールの上はタイルを貼ると、はがれやすく、またデザイン的にもキリのいい場所なので、伸縮目地をつくるには適しています。

縦の伸縮目地は、やはり3m程度ごとに入れます。特に、西陽の当たる大きな外壁面には、必ず入れるようにします。

RC躯体には、柱と壁の境界などに誘発目地を入れることがあります。大地震のときに、亀裂がそこに集中するように、また柱と壁が一体となって構造的にマイナスの影響が出ないように、目地を入れます。その誘発目地に合わせて、タイルの伸縮目地を入れることもよく行われます。

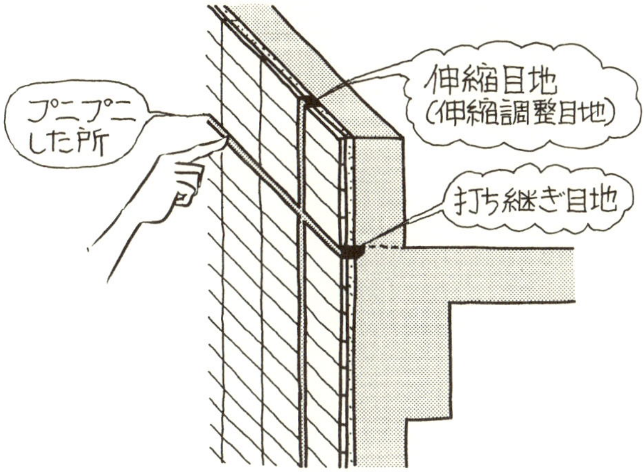

Q タイルの圧着貼りとは？

▼

A 貼り付けモルタルを躯体などの下地に塗り、そこにタイルを押し付けて貼る工法です。

RC躯体に、貼り付けモルタルを塗ります。5～6mmの厚みで2㎡程度塗ったら、すぐにタイルを押し付けて貼っていきます。押し付けて固定した後に、目地にモルタルを詰めます。
30分を超えるとモルタルが固まりはじめ、1時間を超えると付かなくなることもあります。モルタルを塗ってからタイルを貼り終わるまでの時間を、**オープンタイム**と呼びます。オープンタイム内で貼り付けが終わるように、貼る面積を決めなければなりません。
タイルは手で押し付けますが、木づちで叩くこともあります。タイルを圧して貼り付けるので、**圧着貼り**と呼ばれます。
下地側にモルタルを塗り、タイルには何も塗らないのが圧着貼りです。圧着貼りがもっとも一般的なタイル貼りの方法です。
下地とタイルの両方にモルタルを塗って、接着力を強める方法を**改良圧着貼り**といいます。また、タイルを圧するときにタイル貼り用振動機（ヴィブラート）を使う方法は、**密着貼り**といいます。
30cm角程度の紙に何枚ものタイルが貼られていて、いっぺんに圧着する方法は、**ユニット貼り**、または**ユニットタイル圧着貼り**といいます。ユニット貼りは、下地にモルタルを塗ってそれに押し付けて貼るので、圧着貼りの一種です。

Q 吹き付けタイルはタイル？　塗装？

A 塗装です。

吹き付けタイルとは、圧縮空気を送って塗料を霧状にして吹き付ける方法のことです。スプレー缶やエアブラシによる塗装と原理は同じです。スプレーガン（銃）で吹くので、**ガン吹き**ともいいます。
なぜ塗装なのに吹き付けタイルというのかというと、塗装表面が、タイル表面と似ているからです。ツルツルした表面は水をよくはじき、汚れも付きにくい仕上げです。
ただし、本物のタイルに比べると、やはり汚れは付きやすく、築15～20年で塗装のやり直しをしなければなりません。初期コストを抑えて、見た目をそれなりにするのであれば効果的な塗装法です。
吹き付けタイルにはアクリル樹脂系、エポキシ樹脂系などの塗料が開発されています。また、伸縮する弾性を持たせて、躯体側のクラックや動きに対して伸び縮みするような機能のものも開発されています。これは**弾性吹き付けタイル**とも呼ばれます。
最初に下塗りして、その上から吹き付け塗装、さらにデコボコ模様を付けるために模様の付いたローラーを使うこともあります。表面は、ゆず肌状、クレーター状、石肌状など、さまざまな模様が可能となります。

Q 窓の縁から下が汚れるのは？

A 窓の下の台（アルミの水切り板など）の上に埃が溜まり、それが雨水で流れるからです。

水切り板と壁面の接する縁の部分から、壁づたいで雨水が流れます。窓の下には埃が溜まりやすく、さらにガラス面などに付いた埃も一緒になって外壁面を流れます。汚れた水が流れるので、壁も汚れてしまいます。壁と窓が同一面（同面）の場合は、これほど汚れません。また、オフィスビルに見られるような全面ガラス張りの建物では、窓下だけが汚れることはありません。同面サッシの納まりは、アゴに入れる場合と比べて、難しくなります。
水平面ということでは、窓下以外にも、パラペット上部、ベランダや外廊下の腰壁上部があります。そのような部分は内勾配にして、雨水は内側に流すように工夫します。
水を高圧で吹き付ける高圧洗浄で、かなりの汚れは落ちますが、塗装面が傷むこともあります。スチーム洗浄で汚れを落とすこともできます。
汚れやサビ、クラックの心配がそれほどいらない建物にするには、
①全面タイル貼り
②軒、庇の出た形状（できればRCでも勾配屋根＋軒）
③手すりなど露出した金属は鉄ではなくアルミ（できればステンレス）
④パラペットや腰壁上部の笠木は金物（ステンレス>アルミ）
⑤外廊下、バルコニーの床はモルタル防水ではなくシート防水以上
⑥足場を組まなくてもメンテナンス可能な形状
などを、コストと相談しながら実現していく必要があります。

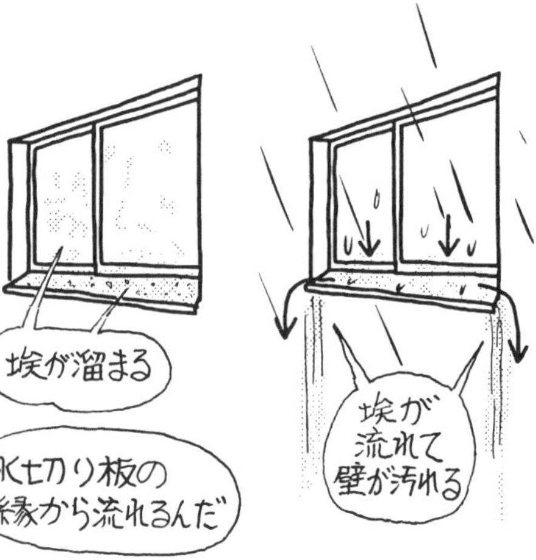

Q 日本の建物の外装に主に使う石は？

▼

A 花崗岩です。

花崗岩は日本各地で採れること、また耐久性、耐磨耗性に優れていることが主な理由です。御影石も、花崗岩の一種です。神戸市の御影の六甲山から採れる石に由来した名称です。花崗岩全般を指して**御影石**と呼ぶこともあります。花崗岩は、マグマが固まってできた火成岩の一種です。
大理石は国内ではあまり採れないため、輸入ものが多くなります。酸に弱いという欠点もあります。砂岩は採れますが、風雨でボロボロと崩れやすく、耐久性、耐摩耗性に劣ります。
国会議事堂の外壁面の石は、花崗岩です。石垣の石も花崗岩が多く、墓石にも多用されています。耐久性があり、欠けたり崩れたりしにくい花崗岩は、建築の外装材として、広く使われています。

★ R219　石　その2

Q ギリシア・アテネのパルテノン神殿、インド・アグラのタージマハールは何でできている？

▼

A 大理石でできています。

大理石は、既存の岩が高温、高圧によって変化して再結晶してできる変成岩の一種です。
大理石はカルシウムを含むアルカリ性なので、酸で溶ける、酸性雨で黒ずむなどの欠点があります。
日本では酸性雨などの影響からすぐに黒ずむので、建物の外部には大理石は使われない傾向にあります。主に内部の壁や床に使われます。
パルテノン神殿では、大理石の円筒を積み重ねて円柱にして、その上に大理石の梁を載せ、屋根を架けた構造です。
ローマのコロッセオは、今では構造のレンガがむき出しですが、当初は大理石が張られていました。地中海沿岸諸国では大理石が豊富に採れて、大理石を使った建築や彫刻が多く見られます。
タージマハールは、レンガ造の上に白い大理石を張ったものです。
インド北部では赤砂岩が多く採れ、ヒンズーやイスラムの寺院では、赤茶の砂岩が張られたものが多く見られます。そうした中にあって、タージマハールは光沢のある真っ白な美しさを誇っています。

Q トラバーチンとは？

▼

A 縞状の模様、縞状の構造を持つ石灰石の一種です。

トラバーチン（travertine）は、表面が大理石に似ていますが、厳密には石灰石に分類されます。表面に縞状の模様のある、肌色の、大理石のような石です。見た目や性質がよく似ているので、大理石と同義に使われることもありますが、地学の分類としては、

大理石→変成岩
石灰石→水成岩
花崗岩→火成岩

となります。変成岩、水成岩、火成岩の分類は、石の生成過程による分類です。

変成岩→熱変成を受けてできる
水成岩→水の作用でできる
火成岩→マグマが冷えてできる

トラバーチンは石灰石なので、酸に弱く、酸性雨で黒ずんでしまいます。よって日本では外装に適さず、内装の床や壁などに使われます。多くはイタリアなどからの輸入材です。
トラバーチンを使った名作は、ルイス・カーンによるキンベル美術館（テキサス州フォートワース、1972年）です。構造となる柱とヴォールトはコンクリート打ち放し、壁はトラバーチン張りです。素材を限定した、品のある建物です。トラバーチンや打ち放しは、乾いた気候、強い太陽のテキサスならではの素材や技法といえます。

Q 石灰石、大理石が酸に弱いのは？

▼

A 主成分の炭酸カルシウム（$CaCO_3$）が酸に溶けるからです。

石灰石が熱変成を受けて再結晶したのが大理石です。ですからトラバーチンと大理石は、色や模様が似ているのです。どちらも主成分は炭酸カルシウムです。

石灰石（水成岩）→（熱変成、再結晶）→大理石（変成岩）

トラバーチンの表面は多孔質で、小さな筋状の孔が多数あいています。このボソボソした印象の石灰石も、再結晶して大理石になると、硬く締まった光沢のある石となります。
炭酸カルシウムはアルカリ性（塩基性）で、酸と中和して透明の溶液となります。空気中にある二酸化炭素（CO_2）は酸性で、それが雨と水と混じって石の表面から内部に浸入します。炭酸カルシウムと水と二酸化炭素が化学反応を起こし、炭酸水素カルシウムとなって水に溶けます。

$$CaCO_3 + H_2O + CO_2 = Ca(HCO_3)_2$$ （可溶性）

表面が黒ずんでくるのは、空気中や石の内部の物質がその水溶液に溶け出して、それが乾燥するときに表出するためと考えられます。また、表面が酸で浸食されるので、光沢のある平滑な面がデコボコ、ボソボソになってしまいます。雨の多い日本では、大理石もトラバーチンも、外壁には残念ながら適しません。

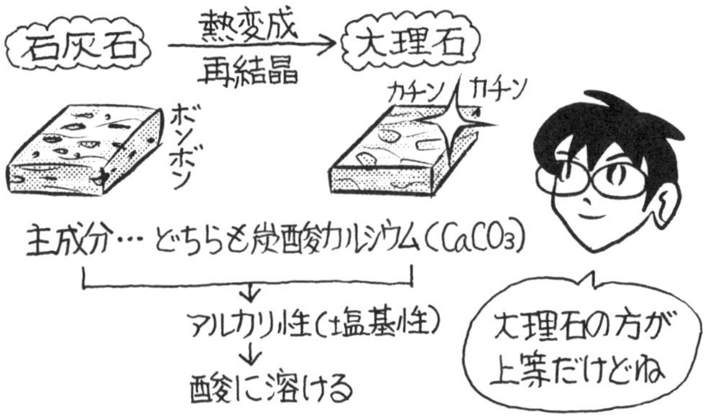

Q 蛇紋岩とは？

▼

A 蛇のような紋様を持つ濃い緑色の石です。

大理石を緑色にして、蛇の白いまだら模様を付けたような感じの石です。緻密で硬く、光沢もあります。蛇紋岩は、カンラン岩（火成岩）が変成して生成された変成岩です。
建築では、内装の床、壁、またテーブルの天板などに使われ、渋めのインテリアによく合います。
蛇紋岩は模様の部分から吸水しやすい、割れやすいなどの理由で、主に内部に使われます。外装用には適さず、使われても敷き石くらいです。
紋様とは、ほぼ模様と同義ですが、同じ図柄の反復繰り返しによって構成されるような模様をいいます。

Q 砂岩とは？

▼

A 砂が水中に堆積して固まった水成岩（堆積岩）です。

表面は砂っぽく、サンドペーパー（紙やすり）のようにザラザラしています。光沢はありません。
吸水性があるので、雨の多い日本では外装には使えません。水がしみ込んで凍結すると、体積が膨張して破裂してしまいます。また、表面がザラザラしているので、汚れやカビが付きやすく、埃と雨ですぐに黒ずんできます。また、表面がボロボロと崩れやすいので、床にも不向きです。一方、耐火性、耐酸性には優れているので、砂岩は主に内部の壁材として使われます。

火成岩、水成岩（堆積岩）→（変成）→変成岩

外壁には花崗岩が適しています。花崗岩、石灰石、トラバーチン、砂岩、大理石、蛇紋岩をまずは覚えておきましょう。設計で迷ったら花崗岩を使うのが無難です。

火成岩：花崗岩など
水成岩（堆積岩）：石灰石、トラバーチン、砂岩など
変成岩：大理石、蛇紋岩など

Q テラゾーブロックとは？

▼

A 粉砕した自然石を白セメントなどで固めた人造石の板です。

大理石や花崗岩の厚いブロックは、コストが高くつきます。そこで自然石を粉砕して、白セメントや樹脂で固め、表面を磨いて自然石風にしたものがテラゾーブロックです。見た目が大理石に近いので、**人工大理石**（略して人大）と呼ばれることもあります（人工大理石の中には、自然石を使わないものもあります）。

テラゾーブロックは、主に内装の仕上げに使われ、出入り口、プールサイド、浴室·トイレの床や間仕切り、腰壁や手すりの笠木などに多用されています。製品によっては水に強く、キッチンカウンターの天板に使われることもあります。

テラゾー（terrazzo）とは、元はイタリア語で、自然石を細かく砕いて、それを床などに敷き詰めるモザイク仕上げのことです。自然石のモザイク仕上げは、今でもテラス、プールや浴槽の仕上げなどに使われます。

Q 洗い出しとは？

▼

A 玉石、砕石などをモルタルとともに上塗りし、その後に水を噴射して表面のノロ（セメント＋水）をとり、石のデコボコを出す仕上げ法です。

モルタル＋種石の表面を水で洗って種石を出すので、洗い出しといいます。水で洗う際には、刷毛、ワイヤーブラシ、噴霧器などが使われます。

洗い出しに使われる石は、大きな玉石、細かい玉石、砂利、砕石など、さまざまです。石の形、色、テクスチャーの違いなどで、いろいろな表情をつくり出すことができます。ノロがとられると、表面に石のデコボコが出てきます。そのデコボコが表情となり、舗装では滑り止めにもなります。

主に外部の舗装に使われますが、玄関の床に使うこともあります。和歌山県・那智の黒い玉石を洗い出し仕上げにした玄関土間も、一般に広く見られます。壁に部分的に使われることもあります。また、コンクリートの表面を洗い出しにして、砂利を見せることもあります。

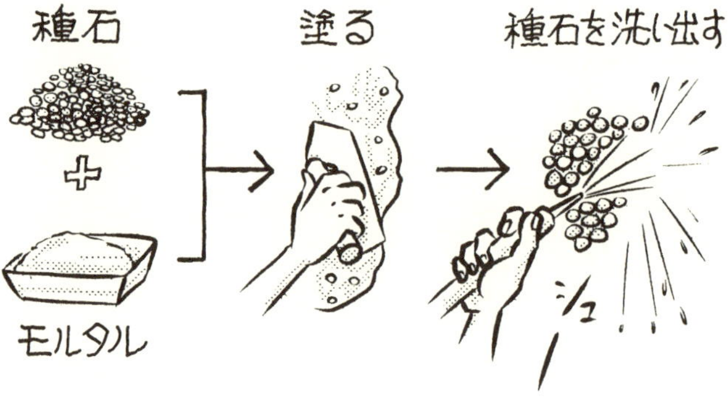

Q バフとは？

A 石などを磨くためのフェルト、ウレタンなどでできた輪のことです。

原義では研磨するための革張りの棒などを指します。今はドリルのように回転する機械を使うので、研磨輪を指してバフ（buff）と呼び、バフによる研磨を、バフ仕上げといいます。
石、金属、木などは、バフの種類を変えて研磨できます。石の場合は、ツルツルとした光沢のあるツヤのある表面仕上げとなります。石のバフ仕上げは、本磨きの工程で行われます。石の本磨き仕上げとは、

粗磨き（粗研ぎ）→水磨き（中磨き）→本磨き

の順に行われます。それぞれ研磨する研ぎ石、グラインダーなどの研磨具があります。粗い研磨具→細かい研磨具へと徐々に替えて、最後にはバフとなります。
石の本磨きは、石表面がツルツルになるもっとも多用される石の仕上げ法で、壁、天板などに用いる石に行われます。デコボコが少なく、埃も溜まりにくく、水が流れやすいので、外壁にもよく使われます。ただし滑りやすいので、床に使うのは避けるべきでしょう。

Q ビシャンとは？

▼

A 下図のような、小さなピラミッド形が集まったハンマーのことです。石のビシャン仕上げに使います。

ビシャン仕上げとは、石をビシャンで叩いて表面に細かな凹凸を付ける仕上げです。ビシャンとはそれ専用に使うハンマーのことで、ビシャンハンマーとも呼ばれます。
ビシャンで叩いた後に、小叩き用の刃で叩いたのが小叩き仕上げです。石の表面には刃の横筋が付きます。石の仕上げの中では、もっとも単価が高い高級な仕上げとなります。

Q 割り肌仕上げとは？

▼

A 石を割ったままの、手を加えない仕上げです。

石の荒々しい素材感と、凹凸のあるテクスチャーが出る仕上げ法です。ザラザラでデコボコした表面となります。
100mm × 300mm × 30mm 程度の割り肌のブロックをつくり、それをタイル状に外壁に貼ることもよく行われています。ブロックが小さいので、コストは安くなります。
また、塀、門柱、敷石などにも、割り肌が多く見られます。割り肌仕上げは、本磨き仕上げとともに多用されています。
石を割るには、くさびが使われます。ハンマーで上から叩いて、両側の刃が左右に分かれて石を割ります。また、石を割る大型の機械もあります。
「割る」ことと「切る」ことは違います。割る場合はくさびを打ち込んで割りますが、切るときはダイヤモンドカッター（ダイヤモンドソー）を使います。カッターで切る場合は、回転した刃の跡が石に残り、割ったときのような味のある肌にはなりません。
割り肌の凹凸をさらに極端にしたのがコブ出し仕上げです。
コブ出し仕上げは、割り肌よりもさらに大きなコブのようなデコボコを出す仕上げ法で、昔の石張りの建物に多用されました。大きなデコボコのために、石本来の荒々しさが強調されて、まるで石を積んでつくったように、または自然の岩のように見えます。

★ R229　石　その12

Q ジェットバーナー仕上げとは？

▼

A 石表面をジェットバーナー（jet burner）で焼いて、表面に細かい凹凸を出す仕上げ法のことです。バーナー仕上げともいいます。

石の成分の石英、長石などの融点、膨張率が違うため、飛ばされる部分と残る部分ができ、表面に細かい毛羽立ち、細かい凹凸ができます。
石は床に使うと滑りやすいのですが、バーナー仕上げをしてザラザラにすると、滑り止めの効果が出ます。ビシャン叩きや小叩きほど手間がかからず、滑り止めの効果はより高いので、多用されています。熱を加えるので、石の厚みは3cm以上必要です。
表面をザラザラ、ブツブツにするには、サンドブラスト（sandblast）仕上げもあります。細かい鉄砂を噴射して、表面に細かい傷を付ける方法です。サンドブラストは石ばかりでなく、金属の仕上げにも使われます。
凹凸の細かさ、きめの細かさの順では、以下のようになります。

本磨き＜サンドブラスト＜ジェットバーナー＜小叩き＜ビシャン＜割り肌＜コブ出し

ほかにもさまざまな仕上げ法がありますが、この7種類をまず覚えておきましょう。

Q 乾式の石張りとは？

▼

A 下図のような金属製のファスナーで石板を留める工法です。

まず、ステンレスのL字型の金物（アングル）を、コンクリート面にアンカーします。これを**1次ファスナー**と呼びます。次に、**だぼピン**を付けた**2次ファスナー**を、石のだぼ穴に差し込んだ後に、1次ファスナーにボルトで留めます。
だぼとは、木造建築の用語から来ています。だぼは部材を細くした差し込む側、だぼ穴は差し込まれる側です。石にあけた丸いだぼ穴に、だぼピンを差し込んで、石が動かないようにする仕組みです。
石の重みも、ファスナーで支えます。石どうしの隙間には、シールをします。このようにモルタルを使わずに留める、すなわち水を使わない工法を**乾式**といいます。逆に、モルタルを石の裏面に充填する工法は、水を使うので、**湿式**と呼ばれます。
さまざまな工事で、水を使う方法を湿式、使わない方法を乾式と呼びます。一般に、乾式は湿式よりも信頼性が高く、施工も容易です。
モルタルを石と壁との間に埋める湿式による石貼りは、最近はあまり行われず、乾式が主流となっています。ただし、乾式による石張りでも、壁の最下部では、衝撃による石割れなどを防ぐために、モルタルを充填して湿式とします。

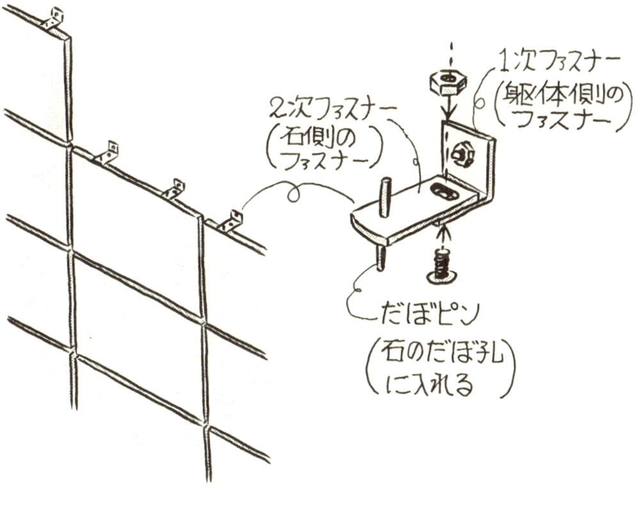

Q 本塗装をする前に、塗料が密着するように下地に塗る下塗り剤を何という？

▼

A シーラー、プライマーなどといいます。

シール（seal）は、シールする、封印する、ふさぐという意味です。シーラー（sealer）とはシールするもので、下地の小さな穴やデコボコをシールしてなめらかにし、塗料の付きをよくする下塗り塗料、下地調整剤です。

プライム（prime）は、第一の、最初のという意味です。プライマー（primer）とは最初に塗る剤で、やはり下塗り塗料のことです。シーラー、プライマーはほぼ同じ意味で使われます。

フィラー（filler）は、フィル（fill）するもの、埋めるものという意味で、シーラーやプライマーと違い、大きな穴をふさぐ下地調整剤です。シーラー、プライマーと同義に使われることもあります。

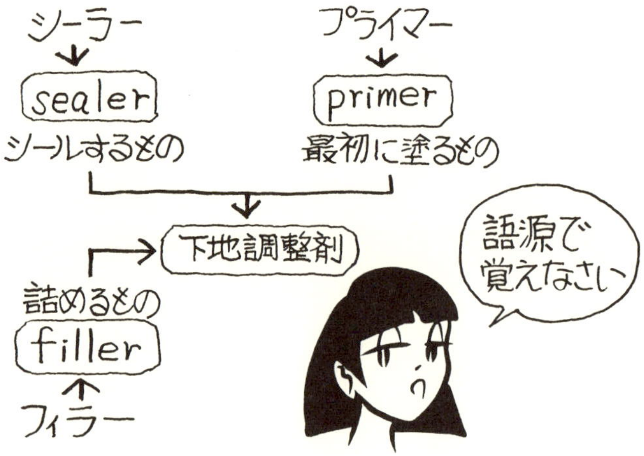

Q 合成樹脂エマルションペイントとは？

▼

A 樹脂が水の中に乳濁した水性塗料です。

エマルションとは、牛乳やマヨネーズ、木工ボンドのような、乳濁した液体のことです。油と水のように混じり合わない液体どうしが、分散して溶け合う状態です。
合成樹脂エマルションペイントは、合成樹脂（油）が水の中で分離せずに分散して、乳濁液となっています。水が乾燥すると、合成樹脂だけが残って塗膜となります。
合成樹脂エマルションペイントは、エマルションペイント、エマルション塗料、水性塗料とも呼ばれ、Emulsion Paintを略してEPと書かれることもあります。
EPは、コンクリート面、モルタル面、石膏ボード面、木に適し、金属面には適しません。「**EPは金属は×**」と、ここで覚えておきましょう。
水性だからといって、外装に適さないわけではなく、最近では積極的に外部にも使われます。また、そういった製品も多く開発されています。シンナーのような有機溶剤は、匂いや健康面などで問題となるので、水性塗料が多く使われるようになってきています。

Q 光触媒入り塗料とは？

▼

A 自己洗浄力（セルフクリーニング効果）を持つ、光触媒を入れた、汚れが付きにくい塗料です。

光触媒とは、光が当たると①強い酸化作用を持つ、②超親水性作用を持つ触媒です。触媒とは、自身は変化せず、反応などを促進する物質のことです。
酸化チタン（TiO_2）が、光触媒として使われます。②の超親水性作用が、建築で応用されています。超親水性とは、水をはじいて水玉とはせずに、水となじんでさらさらと流れるようにする作用です。
塗膜に油などの汚れが付くと、水をかけてもなかなかとれにくくなります。光触媒の作用で親水性が増すと、水が表面を流れやすくなり、油を一緒に流してくれます。雨水で勝手に掃除をしてくれるという、セルフクリーニング効果、自己洗浄効果があります。
水性のエマルションペイントなどに、光触媒を入れた製品が開発されています。光＋水で、表面の汚れを流してくれるということですが、この塗料にどれほどの効果があるかは、実際にはわかりません。過度の期待は禁物です。
塗料には、光触媒のほかに、防カビ剤を入れているものも多くあります。北側立面などの陽の当たらない壁は、黒いカビが付きやすいので、防カビ剤入りも有効です。ただ、それでも数年でカビが付いてしまいます。塗装面は、タイル面ほどきれいには保てません。
光触媒は塗料のほかに、タイル、ガラス、ビニールクロスなどに応用されています。いずれも汚れが付きにくく、水が流れやすいというメリットがあります。

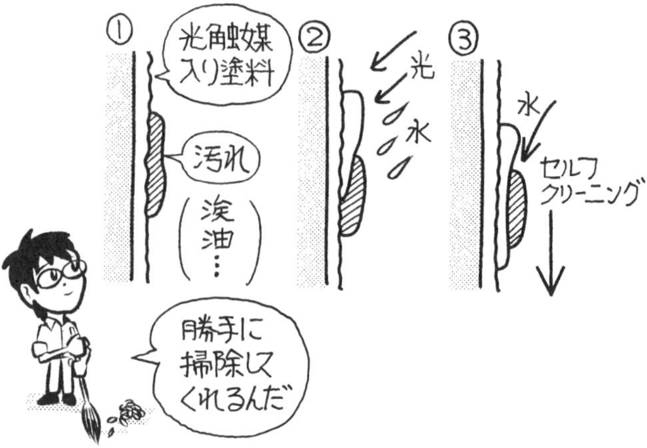

Q 合成樹脂調合ペイントとは？

▼

A 顔料を油と樹脂で練り合わせた油性塗料です。略号はSOP（Synthetic resin Oil Paint）です。

顔料とは色を出す材料です。顔料を油で溶いたオイルペイント（OP）はいわゆるペンキとして広く使われていましたが、乾燥が遅い、塗膜劣化が早いなどの欠点がありました。それをカバーするためにフタル酸樹脂を加えたのが、合成樹脂調合ペイントです。
「合成樹脂をOPに調合したペイント」ということで、合成樹脂調合ペイントと呼ばれます。
SOPは安価なので広く使われていますが、ほかの樹脂塗料に比べて耐久性に劣ります。塗装費用の大部分は人件費ですから、SOPよりも耐久性の高い塗料を使うべきでしょう。
SOPは、鉄、木には適しますが、コンクリートや石膏などのアルカリ面には適しません。
EP、SOPの略号とともに、素材による適不適を、ここで覚えておきましょう。

	コンクリート	鉄	木
合成樹脂エマルションペイント EP（水性）	○	×	○
合成樹脂調合ペイント SOP（油性）	×	○	○

まずは
EPとSOP
そして
×の位置を
覚えよう

Q ビニールペイントとは？

▼

A 顔料を塩化ビニール樹脂と溶剤で調合した塗料です。

塩化ビニール樹脂塗料、塩化ビニールエナメルなどとも呼ばれ、VP（Vinyl chloride resin Paint）と略されます。
耐水性、耐油性、耐薬品性に優れ、コンクリート、鉄、木など、いずれにも塗れますが、シンナーの強い溶剤臭があるので、室内では使われなくなりました。溶剤のシンナーが揮発して、浴室を塗装中に中毒死する事故が多発したからです。水性塗料の性能もよくなり、室内ではVPは水性塗料（EP）に置き換わりつつあります。
室外では、コンクリート面、軒天井面、雨樋、上下水の塩化ビニール管などに使われます。ツヤのあるテラテラした表面になりますが、半ツヤ、ツヤなしにすることもできます。半ツヤ、ツヤなしにすると、耐久性や耐水性がやや劣ります。
有機溶剤を多量に含むVPは、溶剤臭などが嫌われ、室外でも使われない傾向にあります。高機能の水性塗料（EP）が大きく台頭してきているのが現状です。

Q 樹脂塗料にはどんなものがある？

▼

A フッ素樹脂塗料、シリコン樹脂塗料、ウレタン樹脂塗料、アクリル樹脂塗料、フタル酸樹脂塗料などがあります。

樹脂とは人工的につくられた、分子の多く集まった高分子化合物です。それぞれ複雑な化学式でできています。樹脂のグレードはフッ素を最高級として、

フッ素樹脂＞シリコン樹脂＞ウレタン樹脂＞アクリル樹脂＞フタル酸樹脂

という順番です。フッ素樹脂がもっとも耐久性が高く、フタル酸樹脂は耐久性が低いとされています。SOPもフタル酸樹脂を使っていますが、フタル酸樹脂塗料よりもさらに耐久性は劣ります。コストも、大まかにはこの順番で、現場でのコスト調整でも、ほぼ同様です。もちろん、使用部位や材料にもよります。
樹脂の種別のほかに、1液性、2液性という区分もあります。**1液性塗料**とは缶ひとつに入っている塗料で、そのまま塗装に使います。**2液性塗料**とは、2缶の液体を混ぜ合わせてから塗装するものです。混ぜることで反応を促すため、より耐久性の高い塗料をつくることができます。
塗料メーカーが出している樹脂塗料には、さまざまな効能が書かれています。しかし実際の性能は、年月を経てみないとわかりません。
さらに、下地調整の仕方や施工精度などにも、当然左右されます。調合されて缶に入ってくる塗料は、極論すれば、ブラックボックスなのです。メーカー以外の使用者側の人間が、常にチェックしていなければなりません。

Q エポキシ樹脂塗料とは？

A 顔料をエポキシ樹脂と溶剤などで調合した塗料で、耐薬品性、耐水性、耐熱性に優れています。

前項で取り上げた5種類の樹脂塗料のほかに、特殊用途に用いるエポキシ樹脂塗料があります。耐薬品性、耐水性、耐熱性、電気絶縁性に優れているため、工場や実験室の床、壁などに使われます。

耐水性、付着性に優れているため、サビ止め用や船舶用の塗料もあります。付着性のよさから、塗料の付きにくいアルミやステンレスの塗装にも使われます。塗膜が強靱なため、ゴルフボールの塗装にも用いられます。

2液型接着剤にも、エポキシ樹脂は使われます。接着剤にも使われるほどの接着力、付着力がエポキシ樹脂にはあるわけです。エポキシ樹脂塗料は、樹脂塗料の中では特殊な塗料といえます。

コンクリート、鉄、亜鉛メッキ、アルミ、ステンレス、木に塗装が可能です。

Q ステインとは？

▼

A 木の着色剤です。木の内部に浸透して塗膜をつくらず、木の素地を生かした着色にすることができます。

ステインには、油性ステイン（オイルステイン）と水性ステインがあります。いずれも木内部に浸透して、木肌、木目を残して着色することができます。

ステイン（stain）とは元来、染料、着色料のことです。木材保護の働きもありますが、内部にしみ込んで表面に塗膜をつくらないため、耐候性には劣ります。

オイルステインで着色した後に、表面に透明の塗膜をつくる透明塗料（クリア）を上塗りすると、耐候性、耐水性が上がり、汚れも付きにくくなります。

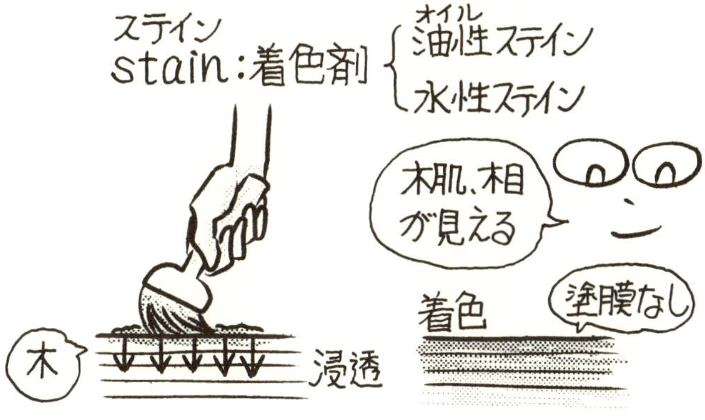

Q ワニス（ニス）とは？

A 木材表面を保護するために塗る、無色透明の塗膜をつくる上塗り用の塗料のことです。

ヴァーニッシュ（varnish）が語源です。ヴァーニッシュからワニス、ワを省略してニスというようになりました。透明なので、**クリア**（clear）とも呼ばれます。
透明の塗膜をつくって表面を保護するので、木肌や木目を生かしたい木製品によく使われます。
木材に塗るワニスばかりでなく、透明な塗料や、顔料を混ぜる前の透明な液体を指して、ワニスとかクリアと呼ぶこともあります。
ワニスは、油と樹脂と溶剤で構成されています。熱や薬品にも強いウレタン樹脂を配合したウレタンワニスが多く使われ、**ウレタンクリア**とも呼ばれています。

Q シュラックとは？

▼

A ラックカイガラムシの殻から抽出される樹脂で、シュラックワニスやラッカーの原料となります。

ラックカイガラムシは、中国、インド、タイなどに生息する虫です。貝殻に足がいっぱい付いたような形の虫で、メスは産卵時に殻をつくります。その殻から抽出される樹脂がシュラックです。

販売されているシュラックは、フレーク状の固体です。シュラックワニスと呼ばれる、透明塗料（クリア）で、アルコールに入れて溶かし、木製家具の塗装などに使います。塗って磨いて塗って磨いてを繰り返すと、光沢のある硬い塗膜ができます。

シュラックをシンナーなどの強い溶剤に溶かしたものが、**ラッカー**です。ラッカーという名称は、ラックカイガラムシのラックから来ています。ただし、それはあくまでもラッカーの名の由来で、現在のラッカーはシュラックではなく、アクリル樹脂などを用いたものが多いようです。

透明のクリアラッカーは、建築工事でもよく使われています。オイルステインで着色して、表面をクリアラッカーで塗って塗膜をつくります。オイルステインはOS、クリアラッカーはCLと略され、オイルステインクリアラッカー塗りはOSCLと表記されます。

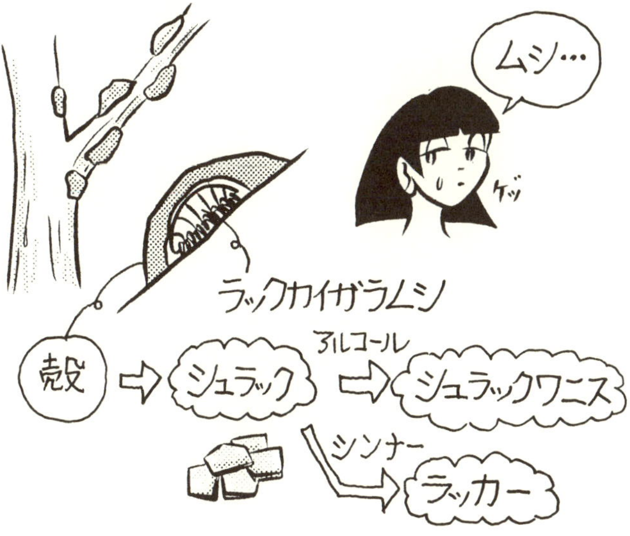

Q エナメル塗料とは？

▼

A 不透明で光沢のある塗膜を形成する、顔料を含んだ塗料のことです。

エナメル（enamel）は、ガラス質のほうろうが原義です。歯の表面もエナメル質です。
ツルツルした色付きの不透明な塗膜となる塗料なので、エナメル塗料と呼ぶゆえんです。光沢のある平滑な塗膜、ガラス質のような塗膜となる塗料がエナメル塗料です。マニキュアなどがエナメルと呼ばれるのは、そのためです。
顔料を含む○○樹脂塗料は、○○樹脂エナメルとも呼ばれます。フッ素樹脂エナメル、シリコン樹脂エナメル、ウレタン樹脂エナメル、アクリル樹脂エナメル、フタル酸樹脂エナメル、エポキシ樹脂エナメルなどです。
クリアラッカーが透明な塗膜なのに対して、ラッカーエナメルは不透明な塗膜となります。
革製品などでエナメルと呼ばれるものは、革の表面にエナメル塗料を塗り、光沢を強める加工を施されたものです。
また、エナメル塗料は光沢が特徴ですが、ツヤあり、ツヤなし、半ツヤと調整も可能です。

Q RC造の区分所有マンションでは、住戸の境界の壁は何でできている？

▼

A RCでできています。

区分所有とは、土地は共有、建物本体も共有で、壁に囲まれた内部の空間のみ専有する権利です。特殊な所有権といえます。
専有する空間を確実なものとするため、境界の壁にはRCが望まれます。簡単に動かせない、壊せない、削れない、燃えないためです。簡単に動かせると、権利の部分があいまいになってしまいます。たとえていえば、土地の境界があいまいになるのと同じことで、大きなトラブルのもとです。
鉄骨造（S造）では、コンクリート版などを境界の壁とすることもありますが、いずれにしろ、動かしにくい、壊れにくい、燃えにくい材料で仕切ります。
中小規模の区分所有分譲マンションでは、RC造の壁で住戸を囲い込むのが一般的です。天井スラブと床スラブも、もちろんRC造です。そのコンクリートで囲まれた部分のみが、専有空間なのです。壁自体、スラブ自体は、共有のものとなります。

RC
RC
RC
住戸を囲むのは
RCの壁
固いもので
囲い込むんだ

Q RC造の区分所有マンションでは、住戸内部の間仕切り壁は何でできている？

▼

A 木下地か軽量鉄骨下地でできています。

ラーメン構造の場合は、すべての壁が木下地か、軽量鉄骨下地（軽鉄下地）でつくられます。壁構造で、住戸内部にもRCの壁が必要な場合は、その部分だけRC造で、ほかはやはり軽い材料でつくられます。
住戸内部の壁までRC造にすると、その重みを支えるのにスラブ下に梁を付ける必要が出てしまい、コストがかさみます。また、後々リフォームをして内部の平面を変えたいという場合でも、RC造の壁は簡単には壊せません。木下地などの軽い壁なら壊すのは簡単です。
木下地の壁は、柱を2つ割り、3つ割りにしたくらいの間柱用の部材を、30～45cm間隔に並べて、その両側にボードを張ります。軽量鉄骨下地の壁は、薄い鉄板を曲げてつくったC型断面の間柱を、やはり30～45cm間隔に並べて、両側にボードを張ります。
このようなつくりの軽い壁は、蹴飛ばすと壊れるくらいの強さしかありません。間仕切り壁で音が抜けるのを避けるためには、ボードを重ね張りして壁のグレードを上げる必要があります。

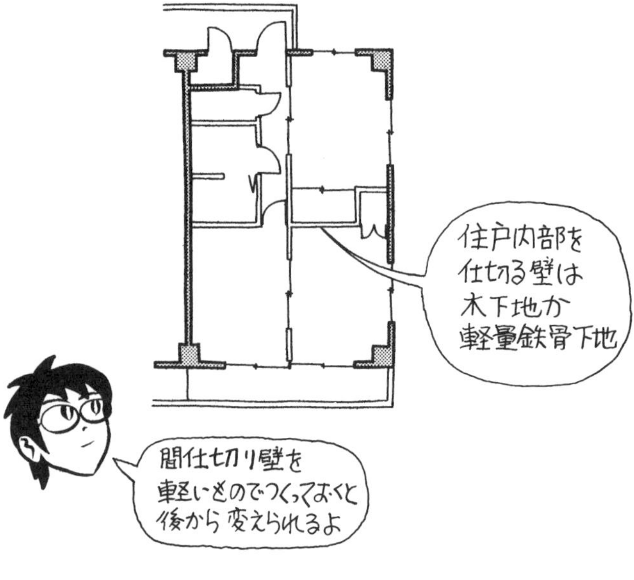
住戸内部を
仕切る壁は
木下地か
軽量鉄骨下地
間仕切り壁を
軽いものでつくっておくと
後から変えられるよ

Q 内断熱と外断熱の違いは？

A 断熱材が、RC躯体の内側にあるか外側にあるかの違いです。

ポリスチレンフォーム、発泡ウレタン、グラスウールなどの熱を通しにくい材料をRC外壁の外に貼るか、内に貼るかの違いです。
コストが許せばRCでは外断熱が優れています。まず、建物の耐久性が格段に違います。太陽の熱、雨などが直接RC躯体に当たらないので、躯体そのものの傷みが少なくてすみます。RCの内断熱は、熱膨張収縮を繰り返す、雨が浸入して鉄筋をサビさせるなどの問題が生じるため、傷みが激しくなります。
部屋の熱環境も、外断熱の方が優れています。暖房をかけると、RCの躯体ごと暖まります。外側に布団を巻いているような状態なので、一度暖まったRC躯体はなかなか冷えません。暖房の立ち上がりは悪いですが、シーズン全体を通して躯体が暖まるので、躯体自体の温度変化が少なく、室内は快適です。一方、内断熱は、内部の空間だけ暖めることになります。すぐに暖まりますが、暖まっているのは空気だけで、すぐに冷えてしまいます。
また、内断熱では、結露が起こりやすいという欠点もあります。内断熱ではRCの壁表面が冷えているため、外に出ようとする水蒸気がそこで止まって、水滴となってしまいます。断熱材の内側での結露（内部結露）なので、処置に困るうえ、カビも発生して、室内空気汚染の原因ともなります。

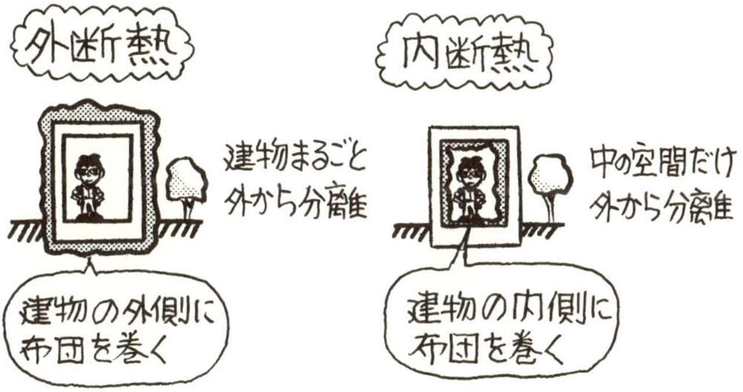

★ R245 断熱材　その2

Q ポリスチレンフォームとは？

▼

A 気泡を大量に含むポリスチレンの板です。

商品名のスタイロフォームの方が、一般には知られています。気泡を多く含むため熱を通しにくく、断熱材として多用されています。
フォーム（**form**）とは、成型された板のことです。ポリスチレンフォームとは、ポリスチレンを原料として成型された発泡材です。空気には、熱を通しにくい性質がありますが、空気が動くと（対流すると）、熱を運んでしまいます。空気が動かないように小さい単位で封じ込めれば、断熱性は高くなります。ポリスチレンフォームの気泡は、封じ込められた独立した形なので、熱を通しにくくなっています。
似たような素材で、梱包に多用される発泡スチロールがあります。発泡スチロールの場合、気泡が独立しておらず、スチロールの粒のまわりに分散する形で入っているため、ポリスチレンフォームに比べて断熱性は高くありません。
ポリスチレンフォームは、へこみにくいという長所もあります。新建材の畳では、内部にポリスチレンフォームが使われますが、上に人が載ったり家具を載せてもへこみません。コンクリートを上に打っても、車が上に載っても大丈夫です。重みが分散されるので、かなりの荷重に耐えられます。
また、気泡が多いので、軽いというのも長所のひとつです。建物自身の重量を減らせるばかりでなく、施工も楽になります。水を吸い込みにくい（吸水性が小さい）という性質もあります。

Q ポリスチレンフォーム（スタイロフォーム）をRC躯体に付けるには？

▼

A 型枠の段階で入れておき、そこに生コンを流してポリスチレンフォームとコンクリートを一体化させる方法が一般的です。また、内装用のボードにポリスチレンフォーム付きの製品があり、それをRC躯体にボード用の接着剤（GLボンドなど）で固定する方法もあります。

断熱材付きのボードを張る方法は、断熱材が薄い、つなぎ目などで断熱材が切れることもあるなど、信頼性は高くありません。やはり、コンクリートと一緒に打ち込むほうが、コンクリートと一体化されるので好ましい施工法といえます。

基礎下の断熱、屋上の断熱では、コンクリートと同時に打ち込むことがよく行われます。屋上の場合は防水層の上にポリスチレンフォームを敷き込み、その上に押さえコンクリートを打ち込んで防水層と断熱材を保護します。

外断熱でポリスチレンフォームを使う場合は、コンクリート打ち込みにしますが、断熱層の外側に外装材を付けなければなりません。その外装材を支える金具を、コンクリートに仕込んでおく必要があります。

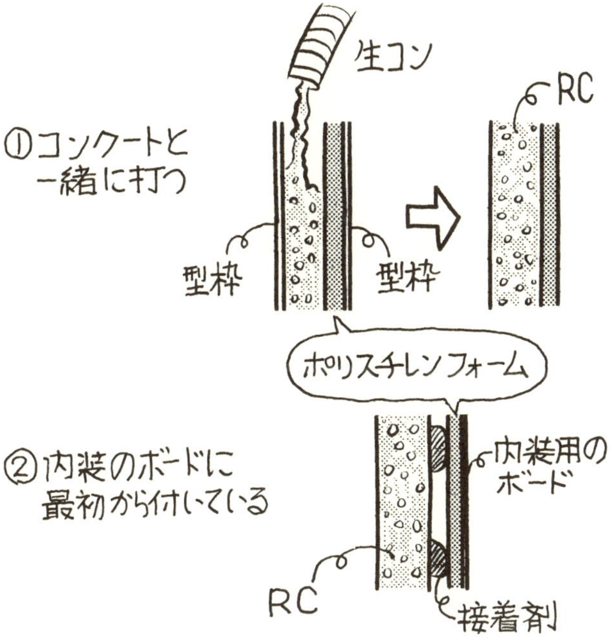

★ R247　断熱材　その4

Q 現場発泡ウレタンとは？

▼

A 現場で吹き付ける発泡ウレタンの断熱材です。

RC 躯体に直接吹き付けて、その場でウレタンを発泡させて、3～5cm 程度の厚さの断熱材とします。ポリスチレンフォームと同様に内部に気泡がたくさんあるので、熱を通しにくい断熱材となります。
現場で吹き付けるので、壁の入り隅、柱と梁の取り合い部分などの凹凸の多い箇所に、隙間なく吹き付けることができます。ポリスチレンフォーム打ち込みに比べて、吹き付けの場合は隙間ができません。
ただし、吸水すると断熱性が劣化します。近年では、製品によっては長期的に吸水しないものも開発されています。また、吹き付けなので、一定の厚さにならないのも欠点といえます。断熱の厚い所と薄い所ができてしまうのです。
RC 躯体に発泡ウレタンを吹き付けた後に、専用の接着剤（GL ボンドなど）でボードを貼ります。発泡ウレタンの表面はデコボコしているので、ボンドで空間を少しあけてボードを貼り、平滑な垂直面をつくります。その後、ボードにクロスを貼ったり、塗装したりして仕上げます。
サッシと RC 躯体の隙間、断熱材どうしの隙間などのちょっとした隙間に吹き付けるための、缶入りのスプレー式発泡ウレタンも販売されています。少しの隙間を断熱材で埋めたいときには便利な製品です。

★ R248　断熱材　その5

Q グラスウールとは？

▼

A ガラス繊維を綿状、ウール状にした断熱材、吸音材です。

グラス（glass）とはガラスのことで、燃えない、水に溶けない、腐らない、虫に食われないなどの長所があります。
そのガラスを細くて短い糸にして、綿状にしたのがグラスウールです。ウール（wool）とは羊毛のことですが、羊毛のように綿状にしたという意味です。
繊維を綿状にすると、中に独立した気泡がたくさんできます。気泡が多いと軽く、ほかの発泡材と同様に熱を通しにくくなります。
グラスウールは、単位体積（$1\mathrm{m}^3$）当たりの質量（kg）で表すのが普通です。$10\mathrm{kg/m^3}$、$16\mathrm{kg/m^3}$、$24\mathrm{kg/m^3}$など、さまざまです。10K、16K、24Kなどと表すこともあります。グラスウールの場合、単位体積当たりの質量の大きい方が、独立した気泡の数が多くなり、断熱性が高くなります。

グラスウール：単位体積当たりの質量大きい→断熱性高い

布団のようなマットにボールをぶつけると、はね返ってきません。エネルギーが、軟らかい綿で吸収されるからです。同様にグラスウールも、音のエネルギーをよく吸収します。軟らかい綿が振動して、また中の気泡が振動して、空気の振動エネルギーを吸収するわけです。
このように、グラスウールは燃えない材料であるうえに、断熱性、吸音性に優れた性質を持っています。建物の断熱材、音楽室や機械室の吸音材などに広く使われています。

★ R249 断熱材 その6

Q グラスウールの納め方は？

▼

A 軟らかいマット状なので、胴縁などの棒状のものの間に挟むようにして留めます。

木造では、間柱の間にグラスウールの入った袋を詰めて、間柱に釘で打つなどして留めます。また、木造床の場合は、根太の下に糸などを張り、落下しないようにして、根太と根太の間に挟むようにして留めます。

RC 躯体の場合は、下図のように**胴縁**という細い木製や金属製の棒を最初に横に打ち、そこに載せるようにグラスウールをはめ込みます。グラスウールを躯体に留めるには、専用の金具を使います。**横胴縁**の上に直交する**縦胴縁**を付けて、それに外装材を取り付けます。下図は躯体の外側にグラスウールを貼るので、外断熱です。

このほかにも、さまざまな工法がありますが、ポリスチレンフォーム打ち込みよりも納まりは複雑です。ポリスチレンフォームは板状になっていて、厚みを保持する力があるので、その上に直接ボードを接着することができます。一方、グラスウールは綿状のため形の保持が難しく、留め方には工夫が必要です。

また施工時に、グラスウールのマットの中に、雨水が入り込むとやっかいです。ガラス繊維自体は水を吸いませんが、まわりの空気の部分に水が入るのです。水を吸った場合は、乾燥させてから仕上げなければなりません。水を吸ったまま使うと、断熱効果が下がってしまいます。

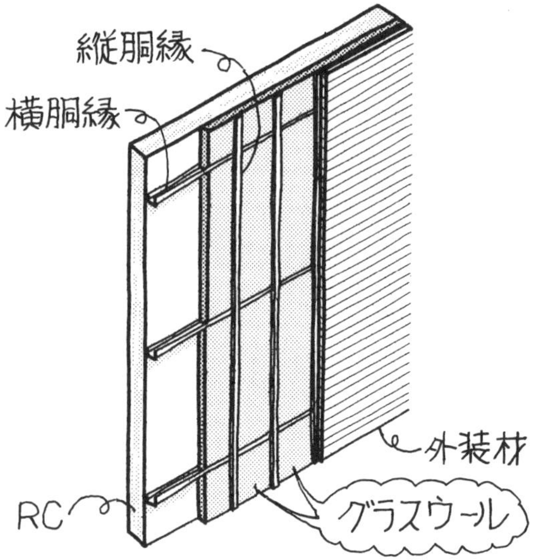

Q RC躯体の壁にビニールクロスを貼ったり塗装するには？

A RCの壁の表面は平滑ではないので、石膏ボードをボンドで貼った上に仕上げをするか、モルタルを塗った上に仕上げをします。

型枠を外した後のRCの表面は、デコボコ、ザラザラしています。打ち放しと最初から決めている場合は、型枠工事をていねいにするので表面はなめらかですが、普通はそうではありません。

通常は石膏ボードを、専用のボンド（GLボンドなど）でRCの壁に取り付けます。コンクリートの表面にボンドを20cm間隔程度に付けて、ボードを押し付けて接着します。ボンドの団子によって、ボードはコンクリート面から2cm程度は浮くので、きれいな平面にすることができます。

石膏ボードをボンドでコンクリートに貼る工法は、GLボンドという商品名から、**GL工法**と呼ばれます。GL工法はコンクリート面ばかりでなく、ポリスチレンフォーム（スタイロフォーム）面、発泡ウレタン面などにも使うことができます。外壁で断熱をした後にボードを貼る際にも、GL工法が有効です。

ボンドを使わない方法として、コンクリート中に木片（木レンガ）を等間隔に埋め込んでおく方法があります。その木片に胴縁を打って、胴縁にボードを打ち付けて留めます。現在ではボンドで貼る方法の方が、施工が簡単なため普及しています。

モルタルをコンクリート面に塗って、平らにならす方法も可能です。モルタルを3cm厚程度に塗って表面を平らにし、その上にクロス貼りか塗装をします。クロスの直貼りなどということもあります。

マンションの戸境壁では、壁の両側でGL工法を用いると、空気層が同じ厚さとなり、音が共鳴してしまうことがあります。両側をモルタル、または片側をボードで片側をモルタルとすると、共鳴が防げます。

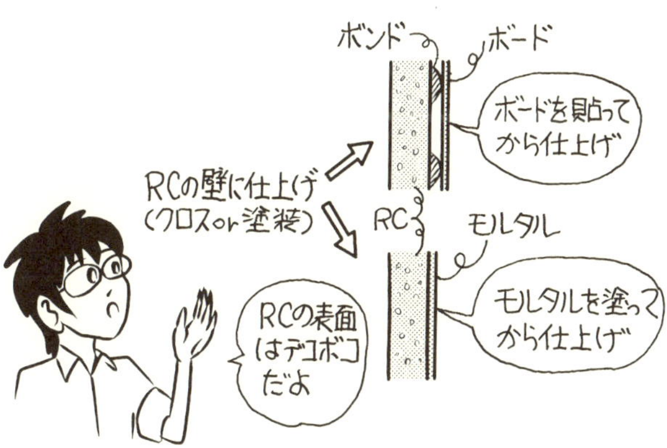

Q ボードをRCに貼り付けるとき、RC表面から少し浮かすのは？

▼

A ボードが床から水分を吸い上げないようにするためです。

下図のようにボードをくさびの上に載せて、GLボンドでRCの壁に貼ります。下から10mm程度持ち上げるのは、コンクリート面は水分を含んでいるからです。
戸境壁がボード二重貼りの場合、音が抜けるのを避けるため、下までべったりと貼ることもあります。その際、床面が十分に乾燥しているのを確認する必要があります。理想としては、ボード下に吸水性の低い素材の棒を入れて、その上にボードを載せて貼るのがベストです。
GLボンドは石膏ボード専用のボンドで、RC面、ポリスチレンフォーム面、発泡ウレタン面に直接ボードを貼ることができます。
GLボンドの団子によって、10～15mm程度、ボードが下地面から浮くことになります。ボードが12.5mmなら、RC面からボード表面まで25mm程度となります。

GLボンド12.5mm＋ボード12.5mm＝25mm

ときりのいい数字にして、図面には25mmと指定します。断熱材が30mmある場合は、

断熱材30mm＋GLボンド12.5mm＋ボード12.5mm＝55mm

となります。GLボンドは部位にもよりますが、10～30cm間隔程度に壁に団子状に付けていきます。

Q ランナーとは？

A 内部の間仕切り壁をつくる際に、壁の上下に留める、U字型の軽量鉄骨下地の部材のことです。

ランナー（runner）には、走者という意味のほかに、引き戸などを滑らせる溝、敷居などの意味もあります。建築でランナーといえば、このような細長い溝型の部材を指します。
軽量鉄骨とは、文字どおり軽い鉄の骨です。なぜ軽いかというと、0.8mm程度の薄い鉄板を折り曲げて、棒状にするからです。軽量鉄骨下地は、**軽鉄下地**ともいいます。
また、略号でLGSとも表されますが、それはLight Gauge Steel（ライト・ゲイジ・スチール→軽量の規格の鋼→軽量鉄骨）の略です。図面で軽鉄下地とかLGS下地などと表記されることもあります。
同じU字型断面でも、溝型鋼とは違います。溝型鋼は、溶融した鉄を溝型に鋳込んでつくった鋼材です。軽鉄のランナーは片手で軽々と持てますが、溝型鋼はずっしりと重く、落としたらけがをしてしまいます。
まずはランナーを、床と天井のRCの躯体に留めます。機械で鋲を打ち込んで、躯体にアンカーするのが普通です。そのランナーに合わせて、垂直の間柱を立て、間柱がしっかりと留まった段階で、ボードを張っていきます。

薄い鉄板を
折り曲げたもの
ランナー
ランナーを先に留めて
それに沿って壁を
つくるんだ
ランナー

Q スタッドとは？

▼

A 間仕切り壁をつくる際の、軽量鉄骨下地の間柱のことです。

ランナーを先にRCの躯体に鋲で留めて、次にスタッドを立てます。スタッドは、ランナーにネジで留めます。
間柱とは、木造建築用語です。45cm間隔程度に壁の中に入れ、壁の仕上げ材を留めるための小さな柱です。両側の板を支えるだけなので、細い部材ですみます。間柱のことをスタッド（stud）と呼びます。
軽量鉄骨のスタッドの断面の大きさは、通常は30mm×65mm程度です。高さが高い場合は、30mm×75mm、30mm×90mm、30mm×100mmなどのスタッドも使います。
65mmの両側に厚さ12.5mmのボードを張るので、軽量鉄骨でつくった間仕切り壁の厚みは、12.5mm＋65mm＋12.5mm＝90mmと9cm程度となります。防音性能、耐火性能をよくするために、板厚を厚くすることもあります。

Q 1　軽量鉄骨壁下地の振れ止めとは？

2　軽量鉄骨壁下地のスペーサーとは？

▼

A 1　スタッドどうしをつなぐU字型の軽量鉄骨で、スタッドの振れ、倒れを防ぎます。

2　スタッドにはめ込み、スタッドのU字型が内側に押しつぶされないようにする金具です。

振れ止めは文字どおり、振れを止めるための部材です。ランナー、スタッドと同様に薄い鉄板を曲げて棒状にしたもので、スタッドからスタッドに架け渡します。

スタッドには、初めから振れ止めが取り付けられるように、穴があけられています。振れ止めは、スタッドの穴に付けるか、スペーサーに付けられた溝に落とし込んで取り付けます。

スタッドは薄い鉄板を曲げてつくった棒なので、両側から押すと、U字の形がへこんでしまいます。それを防ぐために、スペーサーという金具を入れます。

スペーサーとはスペース（space、間隔）を維持する金具という意味で、建築ではいろいろな場面でスペーサーが出てきます。型枠の間隔を維持する金具も、スペーサーと呼ばれています。

スペーサーには溝が付けられていて、振れ止めをはめられるようになっています。スペーサーは、スタッドの上下端、そして60cm間隔程度に入れます。

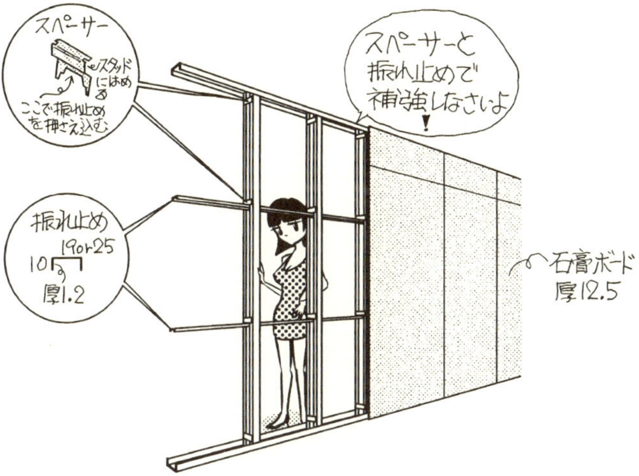

Q 軽量鉄骨壁下地の開口補強材とは？

▼

A ドアなどの開口部を補強するための部材です。

ドアをバタンバタンと開け閉めしたり、家具を動かす際にぶつけたりと、開口部にはいろいろな力が加わるため、壊れやすい部分といえます。そこで、強めの材で補強します。開口補強材、補強材、補強スタッドなどと呼ばれます。

開口補強材は、スタッドと同様にC型に曲げられた軽量の棒です。スタッドよりも強度を持たせるために、2.3mm厚の鉄板でつくられています。スタッドやランナーは、0.8mm厚が普通です。

スタッド、ランナー→0.8mm厚
開口補強材→2.3mm厚

開口補強材は、L字型の金物で床、天井スラブなどに留めます。水平に架かる開口の上枠部分の補強材は、垂直の補強材にL字型の金物で留めます。

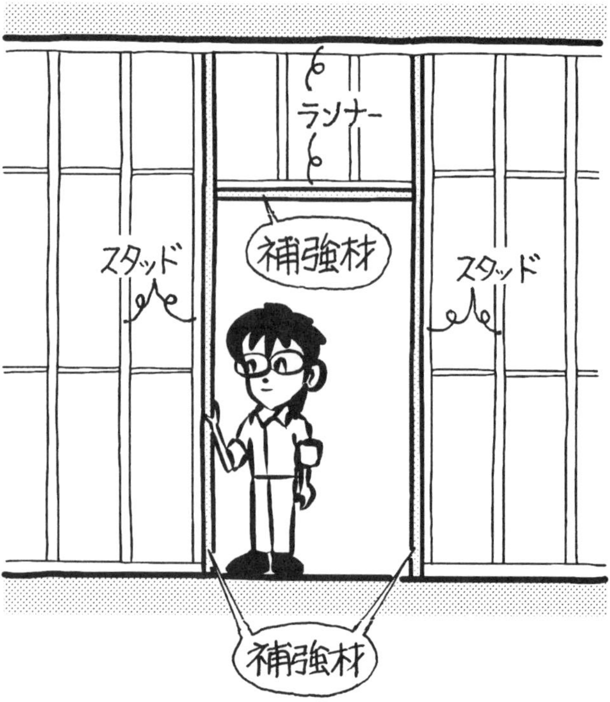

Q 軽量鉄骨壁下地の替わりに木造下地とすることは可能？

▼

A 可能です。

軽量鉄骨のスタッドの替わりに、木の間柱も使えます。木の間柱には105mm幅（105mm × 30mm）、90mm幅（90mm × 45mm）、75mm幅（75mm × 45mm）、60mm幅（60mm × 45mm）、45mm幅（45mm × 45mm）など、さまざまな材があります。
木造住宅では柱が105mm角のため、それに合わせて105mm幅の間柱をよく使います。RCのマンションでも105mm幅を使いますが、中には45mm幅でつくる場合もあります。細い間柱でも、案外もちます。もちろん太い方がいいわけですが、太いと部屋が狭くなるという欠点もあります。
間柱の間隔は、30cm、45cm程度です。ボードを二重に張る場合は、45cm間隔でも問題ありません。ボードのつなぎ目には、必ず下地がくるようにします。ドアなどの開口部は、軽量鉄骨下地と同様に、間柱を二重に入れて補強します。
間柱は、上下で水平の部材に釘で打ち付けます。上下の水平材は、上は**台輪**、下は**土台**などと呼ばれることもありますが、間柱と同じ材でつくることが多いです。台輪、土台は、コンクリートに釘やアンカーボルトで留められます。

Q 軽量鉄骨天井下地の野縁とは？

▼

A 天井のボードを留めるための棒状の部材です。

スタッドと同様にC型をしています。強度を持たせるために、下の辺にはデコボコの折れ目が入れられています。厚みはスタッドよりやや薄い0.5mm、大きさも50mm×25mm、25mm×25mmと、スタッドよりもかなり小さめです。

野縁とは、木造建築用語で、天井板を支える、下地となる棒状の部材を指します。「野」とは、荒い、下地となる、裏に隠れた部材に付けられる言葉です。**野板**とは切り取ってかんながけをしていない荒い板、化粧材ではない板を指し、**野地板**とは、屋根の下地に張る板のことです。

「縁（ふち、えん）」とは端部を指しますが、細い棒状の部材も意味します。**押さえ縁**とは、板を押さえるための細い棒のことです。

野縁は、下地となる、裏に隠れた棒状の部材という意味で、天井裏の下地となる棒を指します。天井板のすぐ裏にある棒が、**野縁**と呼ばれる棒です。軽量鉄骨でも、野縁といえば、天井を留めるための棒を指します。30cm間隔程度に並べます。

ボードのつなぎ目の部分は、**野縁ダブル**（ダブルバー）と呼ばれる幅の広い方の野縁を使います。ボードの中間では、幅の狭い**野縁シングル**（シングルバー）を使います。

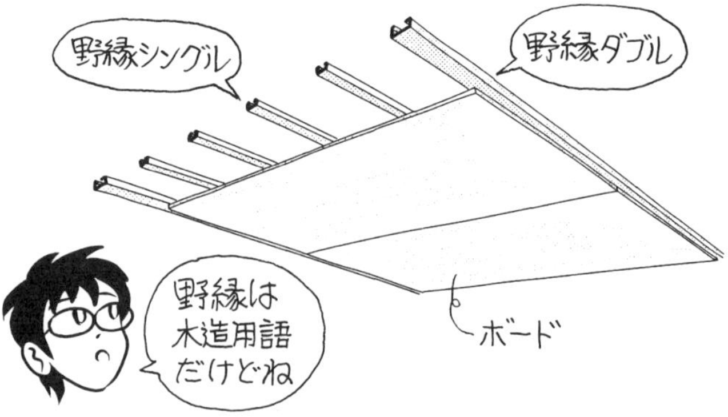

Q 軽量鉄骨天井下地の野縁受けとは？

▼

A 野縁を上から吊って支えるための棒状の部材です。

野縁を受けて支えるので、野縁受けといいます。25mm × 12mm 程度のコの字型の断面をしています。野縁何本分かの重さを受けるので、野縁よりも太く、1.6mm 程度の薄い鉄板を曲げてつくられています。
野縁は 30cm 間隔程度に並べますが、野縁受けは 90cm 間隔程度に並べます。

野縁→ 30cm 間隔
野縁受け→ 90cm 間隔

木造の場合の野縁は、45cm 角程度の格子状に組むことが多く、その場合は、上の材が野縁受けとなります。野縁と野縁受けを組み込んで同じ平面でつくることもあり、どちらが野縁でどちらが野縁受けなのか区別が付かないケースもあります。その場合は、両方とも野縁と呼びます。
木造と違って、軽量鉄骨の場合は、レールの部材自体が違います。野縁はC型断面、野縁受けはコの字型断面です。
野縁は、専用のクリップを野縁に引っかけ、さらに野縁受けに曲げて引っかけて留めます。野縁の太さによって、野縁シングル用のクリップ、野縁ダブル用のクリップがあります。

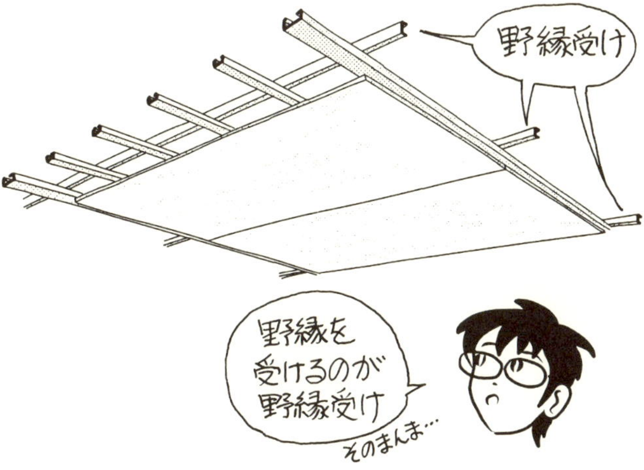
野縁受け
野縁を受けるのが野縁受け
そのまんま…

Q 軽量鉄骨天井下地の野縁受けを吊るには？

▼

A 吊りボルトとハンガーで吊ります。

野縁受けをハンガーで吊って、そのハンガーに吊りボルトをつなぎ、吊りボルトは天井に埋め込まれたインサート金物にねじ込みます。インサート金物＋吊りボルト＋ハンガーで天井を吊るわけです。

インサート金物は、型枠の段階で仕込んでおき、コンクリートに打ち込みます。インサート金物にはメスネジが切られていて、そこに9mm径程度の吊りボルトをねじ込みます。吊りボルトは、両端がオスネジ、または全体がオスネジとなっています。吊りボルトは、90cm間隔程度で、天井スラブに取り付けます。

吊りボルトの下端にハンガーを付けます。ハンガー（hanger）とはハング（hang）するもの、吊るものという意味で、この場合は野縁受けを吊る金物を指します。

野縁受けと野縁は、クリップという金物で留めます。上から順に書くと、以下のようになります。

> 天井スラブ→インサート金物→吊りボルト→ハンガー→野縁受け→クリップ→野縁→天井のボード

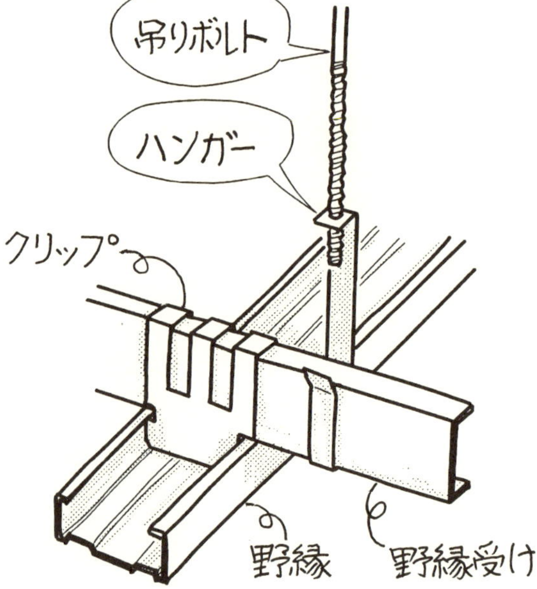

Q 石膏ボードとは？

▼

A 石膏を板状に固めて、両側に紙を貼った内装用のボードです。

石膏は英語でプラスター（plaster）ですから、プラスターボードともいいます。略号のPBもよく使われます。石膏は白い粉で、水を混ぜると固まります。デッサン用の石膏像などでもよく知られています。

石膏ボードは、燃えにくい、重くて音を通しにくい、虫に食われない、腐らない、コストが安いという長所があり、内装用として多用されています。分譲マンション、賃貸マンションの内装の壁のほとんどが、石膏ボードを使っています。

一方、水に弱く、欠けやすいので、外装材には使えません。ネジや釘が効かないことも難点です。石膏ボードに絵や鏡をかけようとする場合は、ボードアンカーという樹脂や金物を使わなければなりません。

また、キッチンの壁などの水がかかるような場所では、シージング石膏ボードが使われます。シージング（sheathing）とは覆うことで、防水処理をした石膏ボードです。表面には耐水性のある紙が貼られています。ただし、大量に水がかかる部分には使えません。

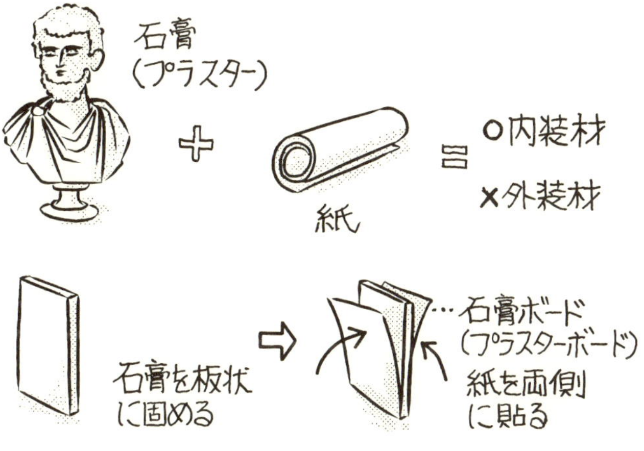

Q 石膏ボードの厚さは？

▼

A 壁では12.5mm、天井では9.5mmを使うのが一般的です。

壁にはものや体が当たるので、厚めのボードを使います。通常は12.5mmで、ほかに、15mmも使われます。
65mmのスタッドと12.5mmのボードで壁をつくると、12.5mm＋65mm＋12.5mm＝90mmで、壁厚は90mm（9cm）となります。
天井はものが当たらないので、9.5mmの薄いボードを使います。

壁→12.5mm、15mm
天井→9.5mm

遮音性のある壁をつくりたい場合は、12.5mmのボードを二重に張ります。その際、壁のボードは天井の仕上げ面で留めずに、天井スラブまで届くように張ります。天井面で留めると、天井裏を通って音が伝わってしまうからです。木造アパートの戸境の壁は、音を通しにくくするため、ボードの二重張りでつくるのが普通です。その場合も、天井で留めずに、上の構造体まで伸ばされます。
また、耐火性能を高くするために、厚いボードを二重に張る場合もあります。いずれにしろ、厚いボードを何重かにした方が、壁の性能はよくなります。
石膏ボード12.5mm厚のことを、略号でPBア12.5とかPB厚12.5などと書きます。

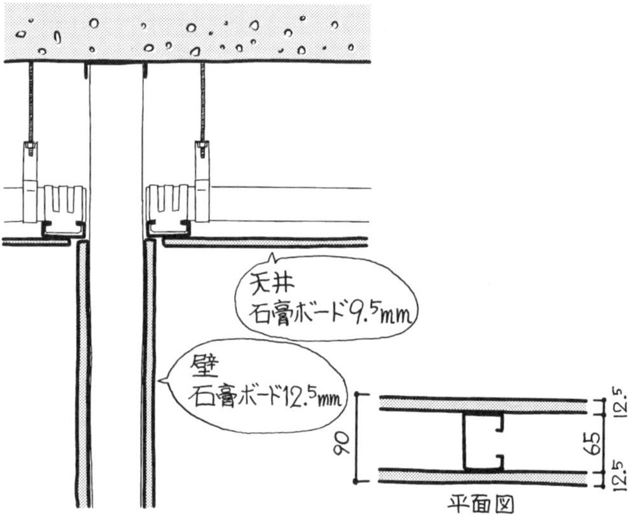

平面図

★ R262 内装用ボード その3

Q 石膏ボードどうしの継ぎ目はどうする？

▼

A テープとパテを使って目地処理をします。

石膏ボードを張った後は、その上にEP塗装するか、ビニールクロスを貼るのが普通です。しかし、継ぎ目をそのままにしておくと、へこみが見えてしまい、継ぎ目が動いて割れが入ってしまいます。

そこで、へこみを平らにし、継ぎ目が離れないようにする作業が必要になります。それが目地処理です。**ドライウォール工法**とも呼ばれます。乾式の壁工法を英語でいったものです。**ジョイント工法**ともいいます。

目地処理には、専用のテープとパテを使います。テープは繊維で縦横に強化された樹脂でできていて、ボードどうしが離れるのを防ぎます。パテはセメントなどの材料でできていて、塗った後に固まります。

最初にパテでへこみを埋めて、その上にテープで離れないようにし、さらに上からパテを塗ってテープを貼って平らにならします。最初に広めのテープを貼った上にパテ処理する方法もあります。

木造アパートなどの安い壁の場合、この目地処理をしないで、いきなりビニールクロスを貼ることもありますが、長い間には、クロスに割れや凹凸が入ってしまいます。やはり目地処理をした後にクロスを貼るべきでしょう。

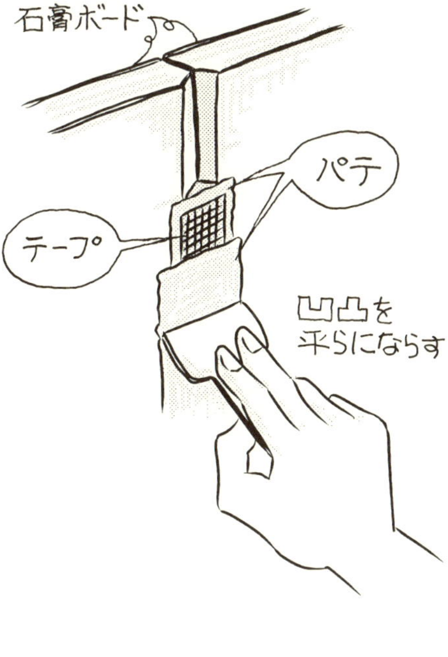

Q 化粧石膏ボードとは？

▼

A 石膏ボードの表面に凹凸を付けたり、色や模様の付いたシートを張った石膏ボードです。

そのまま天井や壁に貼って、仕上げとします。コストが安いので、天井などで多用されます。面倒な目地処理や塗装、クロス貼りなどが不要です。

吸音板のような凹凸を付けたボード（吉野石膏のジプトーンなど）は、野縁にビス留めしただけで仕上げとなります。吸音板に似ていますが、穴が浅く、吸音効果はあまり期待できません。

トラバーチン模様状に穴のあけられたジプトーンは、910mm角の板を互い違いにイモ目地に並べて、野縁にビス留めしていきます。専用のビスの頭は、白く塗装されていて、下から見ただけでは気付きにくく、コストが安いわりには見た目がまあまあなので、オフィスや教室などの天井に多用されています。

木目の印刷がされた化粧石膏ボードも、マンションの和室の天井などに使われます。印刷が優秀で天井までは距離があるため、偽物と見分けがつきません。

ビニールクロスがあらかじめ貼られた石膏ボードもあります。壁に使うと継ぎ目が出ることもあり、ジプトーンほどには使われていません。

Q 岩綿吸音板とは？

A 岩綿（ロックウール）を主原料とした化粧材で、不燃性、吸音性、断熱性があります。

日東紡のソーラートン、ミネラートンなどが有名です。表面が虫食い状の標準的な板のほかに、さまざまな種類の凹凸の付いた商品が発売されています。
岩綿吸音板は、表面が軟らかく、さらに凹凸も付いているので、吸音材としては優れています。軟らかいため、天井材として使われ、厚みは 12mm、15mm などがあります。
石膏ボードを野縁に打ち付け、その上に接着します。下張りしないで野縁に直接ネジで打つと、軟らかいので壊れてしまいます。
大きなオフィス、食堂、講堂などは、音が響きやすいので、よく岩綿吸音板が天井に張られます。アスベスト（石綿）とは違って、発がん性はありません。

岩綿→ロックウール→使用可
石綿→アスベスト→使用不可

虫食い状
いろいろな
凹凸
岩綿吸音板は
不燃性、吸音性
があるんだ

Q 石膏ラスボードとは？

▼

A 漆喰塗りなどの左官工事の下地として使われる、孔のたくさんあいた石膏ボードです。

ラス（lath）とは、塗り壁の下地にする細長い板（木摺）のことです。木摺を多く打ち、網状のものを上にかけて、その上に塗り壁をします。ラスボードとは、木摺の替わりをするボードという意味です。
左官の語源は古く、中性にさかのぼります。左官工事は、今ではモルタル、漆喰などの塗り壁工事全体のことを指します。
漆喰は、石灰に麻の繊維を加え、水などを加えてつくられた白い壁です。和室や倉などに使われます。
石膏ラスボードは、室内での左官工事で用いますが、室外用として、水に強いボードもあります。
ラスボードの孔は、貫通せずに板の途中で止まっています。多くの孔によって、漆喰が引っかかって、落ちないようにしているわけです。

Q セメント系のボードにはどんなものがある？

A ケイ酸カルシウム板、フレキシブルボード、大平板、木毛セメント板などがあります。

セメントだけで板をつくると粘りがなく、すぐに割れたり欠けたりしてしまいます。そこで、さまざまな繊維を入れて、割れにくく、粘り強くする工夫がされています。以前はアスベスト（石綿）が使われていましたが、発がん性があるので、ほかの繊維で代用されるようになりました。
セメント系ボードの中で、もっとも使われているのが**ケイ酸カルシウム板**です。**ケイカル板**と略されることもあります。ケイ酸カルシウムとは$CaSiO_3$の分子式を持つ、ケイ素（Si）の化合物で、それに繊維とセメント（石灰質原料）などを混ぜて板にしたものです。耐熱性、耐水性に優れ、キッチン、浴室の壁、天井、外部では軒天井などに使われています。耐火性があるので、耐火被覆、防火構造の壁などにも使われます。
ケイ酸カルシウム板は、塗装することも、上にクロスを貼ることもできます。塗装するときは、シーラーを下塗りして、目をつぶしておく必要があります。化粧されたケイ酸カルシウム板も販売されています。
フレキシブルボードは、読んで字のごとく、硬い割れやすいセメントの板を柔軟に（フレキシブルに）したものです。以前は、アスベストが使われていましたが、今は別の繊維が使われています。
大平板は、安いセメント板です。ケイ酸カルシウム板、フレキシブルボードは釘を打てますが、大平板は割れてしまうので、ネジで留めます。
木毛セメント板は、毛のように細かなリボン状の木を、セメントで固めたものです。主に下地に使いますが、駐車場の天井に張ったりもします。

★ R267 内装用ボード　その8

Q タッピングネジとは？

▼

A 先端にメスネジをつくる刃があり、軸全体にネジ溝があるネジです。ボードを留めるなどの際に、広く使われています。

タップ（tap）とは、タップダンスのタップで、コツコツと叩くという意味です。タッピングネジは、コツコツと叩いてねじ込んでいくネジで、通常は、インパクトドライバー（回転するだけでなく、コツコツと振動する）でネジを打ちます。

インパクトドライバーを使ってボードを留める際には、タッピングネジを使います。タッピングネジの先には刃があるのが普通で（刃のないものもあります）、回しながら切り込んでいきます。全体にネジ溝があるので、最後までしっかりと留まります。

木ネジは、先だけネジが切られていて、元の方にはネジ溝がありません。木の場合は硬いので、それだけでも十分ですが、石膏ボードなど軟らかい材料では、根元までネジ溝がないと、最後までもぐっていかない場合があります。

ネジの頭には、大きく分けて皿となべがあります。ネジの頭の形によって、皿ネジ、なべネジと呼ばれることもあります。ボードを留めるには、頭がもぐりこんで平らになる皿の方を使います。仕上げをすると、頭が見えなくなるからです。なべネジを使うと頭が出てしまい、塗装でもクロス貼りでも困ります。軽量鉄骨の組み立て、木造下地の組み立ての際にも、タッピングネジ+インパクトドライバーはよく使われます。

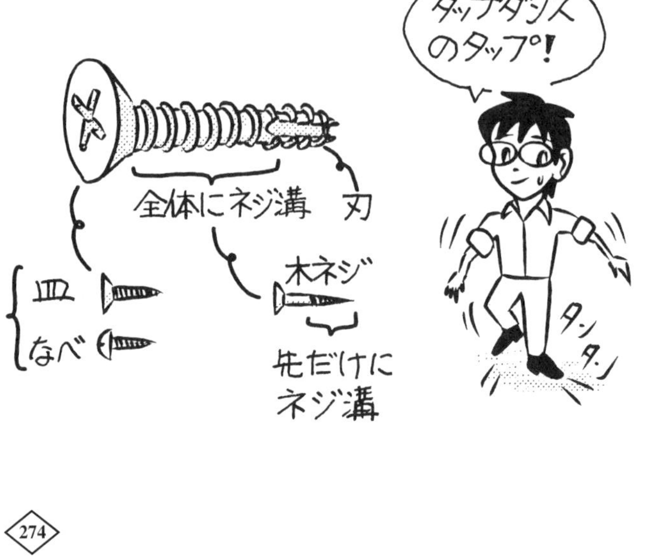

Q 幅木を付けるのは何のため？

▼

A 幅木とは壁の下部に付ける細長い棒状の部材です。壁と床の納まりをよく見せるため、また汚れを目立たなくするために付けます。

ボードを壁の所でカットした場合、きれいに直線的に切れないことがあります。また、床がデコボコしている場合に、ボードと床の間に不規則な隙間があいてしまいます。クロスを貼るにも塗装するにも、床できれいに止めるのは難しい作業です。
このように壁と床の境は直線的にならずに、グネグネしがちです。そこで、壁と床の交じわる部分に幅木を付けます。定規のような直線的部材で押さえるので、見た目がピシッとします。
クロス貼りや塗装工事も、幅木の上でぴったりと止まるので、見た目もきれいに納まります。仕上げを止める定規の役割をしているわけです。
壁の下部は、足や家具が当たったり、掃除の道具が当たったり、埃が溜まりやすく、壊れやすく、汚れやすい部分です。そうした欠点を解消するため、濃い色の幅木を打って、補強します。
壁と同じような白っぽい仕上げだと、汚れが目立ってしまいます。幅木に濃い色が多いのは、汚れを目立たなくするためです。
幅木は、文字どおり木製もあれば、樹脂製もあります。既製品の樹脂製ソフト幅木は安く、カッターで簡単に切れて工事も楽です。コストを下げたい場合に、よく使われます。

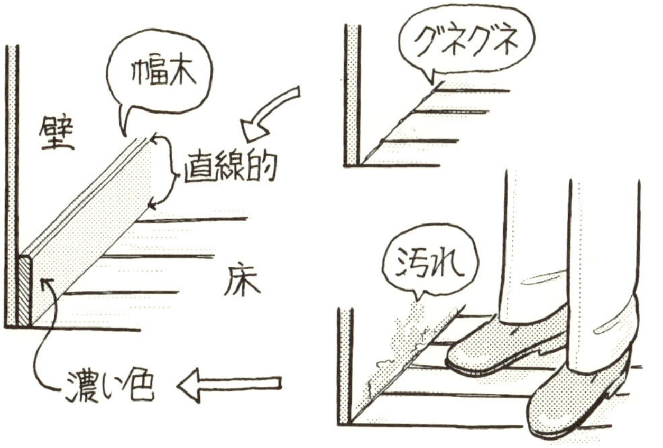

Q 畳寄せを付けるのは何のため？

▼

A 畳寄せとは、和室で床の端部に付ける細長い棒のことで、壁と畳の隙間を埋めるためにに付けます。

和室の場合、壁表面よりも柱を出すことが多くあります。これは**真壁造り**と呼ばれます。ちなみに、柱を隠す造りは**大壁造り**といいます。

真壁造り→柱が出る
大壁造り→柱が隠れる

真壁造りの場合、柱が壁よりも出ているため、畳と壁の間に隙間ができてしまいます。隙間を埋めるには、細い棒を入れる必要があります。それが畳寄せです。
畳寄せは、壁の仕上げを止める定規ともなります。納まりをきれいに見せる定規という意味では、幅木と同じ役割を担います。
和室では、畳寄せを付けるのが普通ですが、壁が傷まないように幅木を付けることもたまにあります。
柱の外面と壁面との距離、柱の出の寸法を、**散り**といいます。散りとは一般に、平行する2つの平面の距離を指す建築用語です。柱の壁からの出、幅木の壁からの出、枠の壁からの出などを散りといいます。

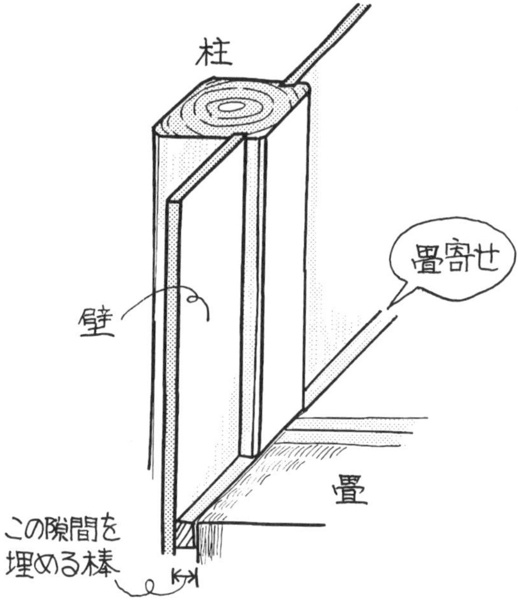

Q 回り縁を付けるのは何のため？

▼

A 天井と壁の隙間をすっきりと直線的に納めるために付けます。

回り縁とは、壁と天井のぶつかる所に付ける細い棒のことです。
天井の縁にグルッと回るように付ける材なので、回り縁と呼ばれます。
縁（ふち）とは、縁側の縁（えん）でもあります。縁側とは床の端部です。縁（ふち）とは端部を指す用語です。
回り縁は、2cm 角程度の小さい棒から、繰り形（曲線状に切り抜いた形）の付いた既製品の回り縁までいろいろあります。材料も木材、アルミ、樹脂など、さまざまな製品がつくられています。
天井材と壁材を留めるのに切り放しで留めると、端部のグネグネ、ギザギザが見えてしまいます。回り縁を上から当てるだけで、すっきりとした外見となります。幅木と同様に、材料を留める定規の役割を果たします。
材料の端部に横に入れる材を、**見切り材**とか**見切り**、**見切り縁**と呼びます。材料をそこで切り、すっきりと見切るわけです。回り縁も、見切りの一種です。
木造アパートのような単価の安い部屋では、壁と天井を同じようなクロスで貼ることがあります。そうした場合は、回り縁を付けないでクロスを貼ることもあります。また、デザイン的に端部をすっきりさせたい場合は、意図的に回り縁を外すこともあります。

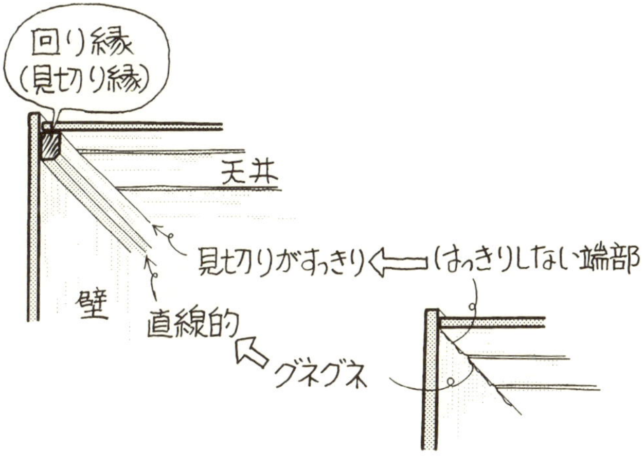

Q 化粧石膏ボード、岩綿吸音板などの天井材の端を留める既製品の回り縁（見切り縁）の形は？

▼

A 下図のように、コの字の上が長い断面をした部材です。

コの字になっているのは、ボードを差し込めるようにするためです。回り縁は、野縁にビス留めします。コの字の上が長くなっているのはビス留めのしやすさからです。コの字のままだと、ビスを下から打てません。

工事の順番としては、軽量鉄骨下地を天井から吊って組み立てます。次に、端に回り縁を取り付け、下からビスを打って野縁に留めます。そしてボードを回り縁に差し込み、下からビスか接着剤で野縁や下地のボードに留めていきます。

軽量鉄骨下地の組み立て→回り縁を野縁に留める→ボードを野縁などに留める

ボードの端を納める回り縁には、樹脂製、アルミ製などがあります。木製の回り縁よりも小さくて、すっきりとした感じに納められます。ある程度ボード端部をラフに切り取っても、回り縁に差し込んで小口を隠してしまえるので、見た目はきれいです。

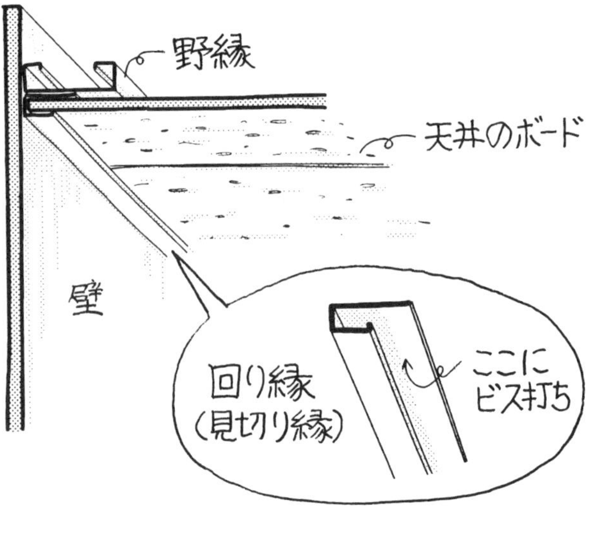

Q マンションの床を、RC躯体から持ち上げてつくるのは何のため？

▼

A 汚水管を床下に納めるためです。

床を150～200mm程度持ち上げます。汚水管をパイプスペース（PS）まで横に引いて、そこで竪管につなぎます。その際、PSまで勾配を付けて横引きしなければなりません。そのために、ある程度の高さが必要となるわけです。
なぜRC躯体（床スラブ）から上に汚水管を敷くかというと、水漏れなどの故障の際に、その住戸のみで対応できるからです。床をはがして工事すればよく、故障した住戸だけの工事ですみます。RC躯体の下に汚水管があると、下の住戸の天井をあけなければなりません。
排水の中でも洗面、キッチン、風呂などの雑排水は、管径が小さく50φ（直径50mm）程度で可能です。勾配も汚物がない分、小さくてすみます。一方、汚水の場合は、75φ（直径75mm）程度の管を勾配を付けて横に引きます。
給水、給湯は水圧があるので、給水管、給湯管は天井に通すことも可能です。また、ガス管、電線なども、天井を通せますが、排水だけは、どうしても床下を通す必要があります。床を上げない場合は、汚水管の通るトイレと周辺の床だけでも上げる必要があります。その場合、トイレの入り口で、150～200mmの段差ができてしまいます。

Q マンションの床を木造で持ち上げるには？

A 下図のように、根太と大引を組んで床を持ち上げます。

45mm 角程度の根太を、30cm 間隔程度に並べます。その根太を支えるのが、90mm 角程度の大引です。大引は 90cm 間隔程度に並べます。木造の1階床組みと同じ要領です。間隔は@という記号で表します。

根太：45 × 45@300
大引：90 × 90@900

大引はコンクリートの床に、ボルトでアンカーします。ボルトは最初から埋め込んでおくか、後から孔をあけてホールインアンカーなどで取り付けます。
大引の高さ調整には、木片を入れます。その木片のことを**くさび**とか**飼いくさび**などといいます。高さ調整に、モルタルをだんご状に盛ることもあります。トイレの床などは、配水管などを避けながら、根太や大引を入れます。
根太の上には、直接仕上げのフローリング材などを張ることもあれば、12mm や 15mm 厚程度の下地板を張ってから仕上げ材を張ることもあります。
このようにして持ち上げられた床下には、配管、配線が入るばかりでなく、床そのものが適度に柔らかくなって足ざわりがよくなります。

Q 置き床工法とは？

▼

A 金物で浮かせた既製品のユニットを置いて、床を上げる工法です。

既製品のユニットを「置く」床工法なので、置き床工法といいます。根太で上げる床に比べて、小型の既製品を並べるだけなので、大きな床なら手間は少なくなります。**システム床**、**ユニット床**、**フリーフロア**などと呼ばれることもあります。
既製品のユニットは、40～90cm角まで、さまざまな大きさのものがあります。ボルトで浮かせて若干の高さ調節ができ、スラブと接する足先の部分にはゴムが付いているものが多く見られます。床の振動を下階に伝わりにくくするためです。
板は20mm厚程度のパーティクルボードなどが多く、その上にフローリングなどの仕上げ材を張ります。パーティクルボードとは、小さな木片を接着剤と混合し熱圧成型した板で、建築や家具の下地材としてよく使われます。
ボルトは各板に4つずつ付けられているものと、下図のようにボルトを共有して使うものがあります。
既製品の中には、最初に床全体をユニットで覆っておいて、後から間仕切り壁を施工するものもあります。**床先行工法**といいます。マンションの住戸内部全体の床下地を先につくって、その後に壁を立てるのです。工事は簡単になりますが、部屋間の音漏れは床下がつながっているので、通常の壁先行よりも大きくなります。また、間仕切り壁の強度が、弱くなる可能性もあります。

Q 浮き床工法とは？

▼

A 遮音性を高めるために、緩衝材の上にコンクリートを打ってから仕上げをする工法です。

子供がはねるドシンドシンという音は重衝撃音といって、床材を変えたくらいではたいして減りません。また、グランドピアノの音は強烈な空気振動なので、それを遮断するのも容易ではありません。このような場合の遮音対策として、浮き床工法があります。
まずRC床スラブの上に、緩衝材を置きます。代表的な素材が、高密度グラスウールです。断熱用のグラスウールとは違い、荷重でへこまないように、硬い板とされています。その緩衝材の上に、ポリエチレンシートなどの水を通さないシートを敷き、コンクリートを打ちます。何も敷かずにコンクリートを打つと、水分が緩衝材の方へ抜けて、コンクリートが固まらなくなります。
シートを敷いた上に、溶接金網をスペーサーなどを使ってシートから浮かして置きます。溶接金網は、径3mm程度の鉄筋を150mm角程度に組んだものです。コンクリートの割れを防ぐためのもので、構造的には効きません。
コンクリートを打った上に、仕上げ材を敷きます。
RC床スラブを厚めの40cm程度にして、さらに浮き床工法を用いれば、上下階の音の問題はかなり減るでしょう。遮音性能順に並べると、

浮き床工法＞置き床工法＞木組み（根太＋大引）

となります。

Q 住居系の床仕上げ材にはどんなものがある？

▼

A フローリング、クッションフロア、畳などがあります。

マンションや住宅などでは、フローリング、クッションフロア（CFシート）、畳が三大床仕上げ材といえます。

フローリングは、元は無垢（天然）の木材で、1枚1枚、さねでつないで床をつくります。さねの部分で下地板に釘打ちし、さらにボンドで貼って留めます。

一般的なフローリング材は、90cm幅とか45cm幅で、180cmの長さの合板に、表面だけフローリングの板が張られているものです。表面の仕上げの薄い板は、**突き板**ともいい、コストによって厚さは違います。その板に溝が彫られていて、あたかも1枚1枚、さねでつないだように見えます。

フローリング材の厚みは12mm、15mm程度で、下地板も同程度です。コストを下げるため、下地板を張らず直接根太に打つこともあります。

クッションフロアはフローリングの次によく用いられ、**CFシート**とも呼ばれます。1.8、2.3、3.5mm厚などがあり、表面は模様が印刷された樹脂製のシート、裏にはフェルト状のクッションが付いています。水に強く傷も付きにくいので、洗面脱衣室、トイレ、キッチンの床によく用いられます。家具の足などのへこみが残るのが大きな欠点です。

畳は、畳表はいぐさ、畳床（畳の裏側）は稲ワラとするのが伝統的な畳で、厚みは55mm、60mmです。最近ではポリスチレンフォームを畳床とする製品も多く、厚さは15、30mmなどと薄くなっています。虫もつかず、湿気も吸わず、断熱効果もあり、表面は畳そのものなので、多用されています。

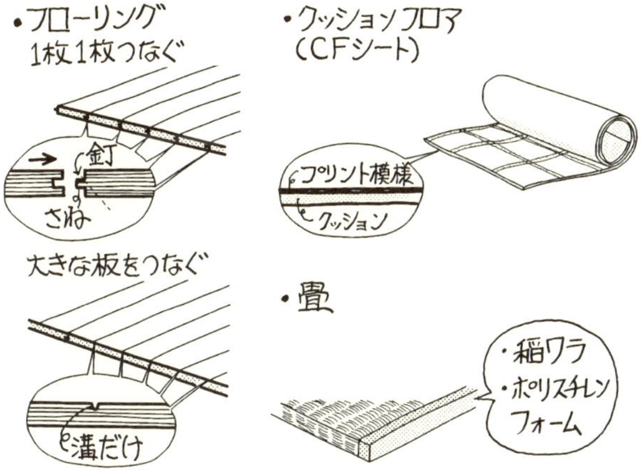

Q 長尺塩化ビニールシートとは？

▼

A ロールで売られている2mm厚程度の塩化ビニール製シートで、学校、病院、オフィス、工場などの床仕上げに多く使われています。

長尺塩ビシート、塩ビ床シートなどとも呼ばれています。織布を積層させて2mm程度の厚みにし、ツルツルの表面に色や模様がプリントされたシートです。
長尺とは、長い尺、長い寸法ということで、ロール状で納入されるものをいいます。1820mm（1間）幅で、20mとか9mなどのロールです。
長尺塩ビシートは、2mm厚程度と薄くてクッションがない分、家具や人の重さでへこまず、耐久性、耐摩耗性、耐水性に優れています。学校、病院、オフィス、工場などの広い床を、安くきれいに仕上げる際には、有効です。
厨房用にノンスリップとしたもの、研究室用に耐薬品性を強化した製品などもあります。
RCの床にそのまま貼ると、デコボコしてしまうので、まずモルタルで平らにならします。その上に、長尺塩ビシートを専用の接着剤を使って貼ります。RC床スラブ面から塩ビシート仕上げ面まで、30mm程度となります。モルタルならしをはぶいて、コンクリート打ちの際に床面を金ゴテできれいにならす「コンクリート一発仕上げ」もたまに行われます。
住宅用のクッションフロアを指して塩ビシートと呼ぶこともありますが、長尺塩ビシートは、住宅の床に使うには硬すぎます。
マンション共用廊下や共用階段に貼るためのものもあります。この場合は、靴音が響かないようにクッションが裏打ちされています。

Q タイルカーペットとは？

▼

A 50cm角とか40cm角などのタイル状のカーペットのことです。

厚みは6mm程度で、オフィス用、店舗用が多く、住宅用もあります。タイル状になっていて、それを敷き詰めるだけで床の仕上げができます。接着の必要もありません。長尺塩ビシートと同様に、RC床スラブの上をモルタルでならして、その上に置いていきます。
汚れたら、その部分だけはがして取り替えられます。入り口付近など人の多く通る所は、すぐに汚れてしまいます。床全体に1枚のロールカーペットを敷いてしまうと、全体を取り替えなければなりませんが、タイルカーペットは、汚れた所、傷んだ所のみ取り替えればよいので、コストも手間も時間も節約できます。住宅なら、DIYでも可能です。
カーペットの毛の部分はパイルと呼ばれますが、それが輪状になっているループパイルは、パイルの中では強度があります。3mmの高さのループパイルの付いた6mm厚のタイルカーペットなどがあります。
カーペットの厚さ（高さ）は、パイルが軟らかいので、プラスマイナス0.5mm程度の誤差があります。6mmの製品だと、5.5～6.5mmの厚みの差が出ますので、施工はそれを織り込んで行います。
タイル状に分割されていて、どこでもはがせるので、フリーアクセスフロア（OAフロア）の床材として適しています。

原口秀昭（はらぐち　ひであき）
1959年東京都生まれ。1982年東京大学建築学科卒業、86年同大学修士課程修了。大学院では鈴木博之研究室にてラッチェンス、ミース、カーンらの研究を行う。現在、東京家政学院大学生活デザイン学科教授。
著書に『20世紀の住宅－空間構成の比較分析』（鹿島出版会）、『ルイス・カーンの空間構成　アクソメで読む20世紀の建築家たち』『1級建築士受験スーパー記憶術』『2級建築士受験スーパー記憶術』『構造力学スーパー解法術』『建築士受験　建築法規スーパー解読術』『マンガでわかる構造力学』『マンガでわかる環境工学』『ゼロからはじめる建築の［数学・物理］教室』『ゼロからはじめる［木造建築］入門』『ゼロからはじめる建築の［設備］教室』『ゼロからはじめる［S造建築］入門』『ゼロからはじめる建築の［法規］入門』『ゼロからはじめる建築の［インテリア］入門』『ゼロからはじめる建築の［施工］入門』『ゼロからはじめる建築の［構造］入門』『ゼロからはじめる［構造力学］演習』『ゼロからはじめる［RC+S構造］演習』『ゼロからはじめる［環境工学］入門』『ゼロからはじめる［建築計画］入門』『ゼロからはじめる建築の［設備］演習』『ゼロからはじめる［RC造施工］入門』『ゼロからはじめる建築の［歴史］入門』『ゼロからはじめる［近代建築］入門』（以上、彰国社）など多数。

ゼロからはじめる **［RC造建築］入門**

2008年6月10日　第1版 発　行
2024年8月10日　第1版 第13刷

著作権者との協定により検印省略

著　者　原　口　秀　昭
発行者　下　出　雅　徳
発行所　株式会社　**彰　国　社**

162-0067　東京都新宿区富久町8-21
電　話　03-3359-3231（大代表）
振替口座　00160-2-173401

自然科学書協会会員
工学書協会会員

Printed in Japan

©原口秀昭　2008年

印刷：三美印刷　製本：中尾製本

ISBN978-4-395-00792-9 C3052　https://www.shokokusha.co.jp

本書の内容の一部あるいは全部を、無断で複写（コピー）、複製、および磁気または光記録媒体等への入力を禁止します。許諾については小社あてにご照会ください。